हम हशमत-3

हम हशमत
3

कृष्णा सोबती

राजकमल प्रकाशन

ISBN : 978-81-267-2360-7

मूल्य : ₹795

पहला संस्करण : 2012
पहली आवृत्ति : 2023
This book is printed on **Print on Demand** Technology : 2025

प्रकाशक : राजकमल प्रकाशन प्रा. लि.
1-बी, नेताजी सुभाष मार्ग, दरियागंज
नई दिल्ली-110 002

शाखाएँ : अशोक राजपथ, साइंस कॉलेज के सामने, पटना-800 006
पहली मंजिल, दरबारी बिल्डिंग, महात्मा गांधी मार्ग, प्रयागराज-211 001
1, अनमोल सोराबजी संतुक लेन, धोबी तलाव, मरीन लाइंस, मुम्बई-400 002

वेबसाइट : www.rajkamalprakashan.com
ई-मेल : info@rajkamalprakashan.com

HUM HASHMAT-3
by Krishna Sobti

क्रम

हम हशमत

3

सत्येन

सत्येन के घर की वह शाम और वह सुबह

किसी आदिम दृश्य की तरह भूपाल ताल अँधेरों की रोशनी में झिलमिला रहा था। दूर किनारों से लगी मुनिया पहाड़ियाँ अधखुली आँखों आकाश का चँदोवा निहार रही थीं। ताल पर अठखेलियाँ करतीं लहरों की पनीली टोलियाँ हवा के झोंकों से कभी आगे, कभी पीछे।

ईदगाह हिल्स पर किसी ख्वाब की तरह खुला हवादार छोटा-सा घर 'सिमसिम', जिसे नाम दिया था सत्येन के जिगरी दोस्त मंज़ूर एहतेशाम ने। ड्राइंगरूम के आगे लगे ऊँचे-चौड़े ग्रिल की फ्रेम में से दीखता शहर का अनोखा विस्तार और उस पर टिमटिमाती बत्तियों की झालर।

प्रमिला-सत्येन जैसे मेजबानों के साथ नए-पुराने परिचित मित्रों की शाम कब गहरा गई, मालूम ही न हुआ। मेहमान विदा हुए और हम आग्रह से रोक लिये गए। हम मन ही मन शशोपंज में कि हमारा शाम को इतना लम्बा खींचना क्या मेजबान के लिए रुचिकर होगा!

हमने खासे बड़े ड्राइंगरूम पर ताजी नजर मारी। बेकार की सजावट नहीं। न पुश्तैनी चीजों का बोझ, न नए का गैरजरूरी जमावड़ा। प्रवेशद्वार वाली दीवार के साथ-साथ उभरी स्पेस पर जड़ी वुडन गोलाकारों की लम्बी कतार। पीछे से झाँक रहे थे कैसेट-एल्बम, फाइलें, ब्रश, चार्ट्स-ट्यूब्स और किताबें! सामान रखने की और उस तक आसानी से पहुँचने की अद्भुत व्यवस्था। सभी कुछ हाथ की दूरी पर और बिना परिश्रम के कायदे-करीने से लगा।

आइए, खुले में बैठते हैं—

सत्येन ने चौकोर आँगन में चार कुर्सियाँ खींच लीं। लगा पथरीले आँगन में नहीं, लॉन में बिछी घास पर बैठने जा रहे हैं।

पिछवाड़े की दीवार से लगा बाँस का घनीला झुरमुट हवा में लहराने लगा था। बेफिक्र निश्चिन्त अपनी ही लय में। बीच-बीच में मनमौजी पाखी हमारे ऊपर से उडारी ले अपने-अपने घोंसलों की ओर यह जा और वह जा।

सत्येन ने बारी-बारी सबकी पसन्द पूछी और काँच और तरल की जुगलबन्दी सबके हाथों में थमा दी। आँखों के मूक संकेत के साथ कि इन सुरों का मजा लेने की जो भी तालीम आपके पास है—लीजिए। बर्फ सामने है। नमकीन की भरी तश्तरी भी।

सत्येन में राजस्थानी कुँवरों की-सी अदा। भरपूर आत्मविश्वास। पहले घूँट की इज्जत में हशमत बोले—अद्‌भुत है इस वक्त यहाँ बैठना। सत्येन ने बिना सिर घुमाए मानो चारों ओर देखा और कहा—कभी देर तक यहाँ बैठे रहें तो लगता है हवा दबे पाँव आसमान और धरती के बीच टहलती हुई हमें छूती हुई निकल रही है।

मंज़ूर हल्का-सा हँसे—सत्येन अपनी किसी कहानी की पंक्तियाँ दोहरा रहे हैं।

हमें कुछ याद हो आया। सत्येन, हम कहानी का नाम तो नहीं, हाँ भाव दोहरा सकते हैं— एक धुन होती है जिन्दगी। किसी साज पर बजती हुई धुन जैसे इसे कोई बजाता हो अपने माउथ-आर्गन पर। उसके साथ ही खनकती हुई किसी की हँसी

हवा में फैलती हुई जैसे कोई झरना किसी चट्टान पर से बहता हो—सत्येन, याद पड़ता है कुछ ऐसा ही टुकड़ा था। अगर गलत नहीं तो उस कहानी का आरम्भ था।

हँसी के साथ-साथ सत्येन के चेहरे पर गुम-सी शालीनता। हँस कर कहा—जी हाँ, शुरुआत तो कहानी की थी पर आपने याद रख इन शब्दों को भाव दे दिया है। काफी पुरानी कहानी है। रोमांटिक।

— रोमांटिक थी पर उस पर भला सफाई क्यों। हम सभी उन मुकामों में से गुजरते हैं। हाँ, जो याद रह जाए उसे लेकर किसी पर अहसान नहीं करते। पाठक द्वारा पढ़ लिया जाए और उसे वह स्मृति में दोहरा सके—उसे महसूस कर सके तो जनाब लेखक से अलग कुछ अधिकार रचना पर उसका भी बन जाता है।

अपने लेखक को लेकर कोई छिपी या जाहिरा व्याकुलता सत्येन में नहीं दीखती। शायद इसलिए कि उनके संघर्षशील आत्मविश्वास ने अन्दर ही अन्दर कई कँटीली सीमाओं को लाँघा है जो ऊपरी सतह के भीतर दूर तक फैली रहती हैं!

यह सत्येन हैं।

प्रमिला ने नया सिगरेट उठाया और सत्येन ने चुस्ती से लाइटर आगे कर दिया और फिर दोनों अपनी-अपनी महफूज जगह पर तैनात हो गए। दो व्यक्तित्व अलग-अलग और एक साथ रहते—अपने-अपने कामों में व्यस्त। प्रमिला एक समझदार पत्नी की तरह मियाँ पर आँख रखने बतौर घरेलू आई—क्यू से बरी।

हमें न जाने कैसे फ़ैज साहिब और उनकी बेगम साहिबा की याद हो आई। एक शाम दिल्ली की पार्टी में हशमत को बेगम साहिबा के साथ बैठने का इत्तेफाक हुआ। इधर-उधर की बातें चलती रहीं। मालूम कुछ ऐसा हुआ कि लेखक और शायरों की बीवियों के लिए यह सार्वजनिक बैठकें इतनी खुशगवार नहीं रहतीं कि वह हमेशा उमंग और उत्साह से भरी रहें। मियाँ लोगों की शोहरत एक तरफ, बाकी हम लोगों के हिस्से का वक्त जो यार-दोस्तों के नाम कर दिया जाता है उसे तो अल्लाह मियाँ भी हमारे लिए न बचा सकेंगे!

लगा मंज़ूर की पेशानी पर कुछ सरसराया। क्या ऊब रहे हैं—उठे—अन्दर गए और हाथ को ताजा करके लौट आए।

हवा की ताजगी से लगा जैसे रात के अँधेरे महकने लगे हैं। नथुनों में फैलती पानी की गन्ध। ईदगाह हिल्स पर पानी की टंकी ने अपने भरपूर होने की टंकार

की। पानी खुलते ही पथरीली ढलानों पर तेजी से उछलने लगा। किसी पहाड़ी नाले की तरह नहीं–ऊधम मचाते प्रपात की तरह।

ऊपर से गिरते शोर की मनमानी में कुछ देर लम्बी खामोशी छाई रही। फिर धीरे-धीरे बहते पानी का जोर कम हो टपका बन गया। प्रमिला उठीं। पल्लू समेटा और सत्येन से कहा–देखो बातों को तो जितनी खींचिएगा–खिंचती चलेंगी पर वक्त पर खाना जरूर खा लीजिएगा। इतने हम थोड़ी नींद ले लेते हैं। इन्हें छोड़ने के लिए आप ड्राइव नहीं करेंगे। शाम से पी रहे हैं। हमें जगाइए–हम ड्राइव करेंगे।

सत्येन हँसे।

– एक आवाज पर जाग जाओगी न!

हल्की-सी हँसी।

एक चेयर खाली। भरी मजलिस कुछ अधूरी लगने लगी।

हमने नई निगाह से सत्येन और मंज़ूर को देखा। जब-जब हम इन दोनों से एक साथ मिले, सत्येन बड़े भाई और मंज़ूर बरखुरदार बने इस अदबी दोस्ती को बखूबी निभाते हैं। एक साथ एक नाटक भी पेश कर चुके हैं। ऐसा भी नहीं कि एक-दूसरे से असहमति न जताते हों फिर भी कहीं कुछ ऐसा है जो स्वाभाविक रूप से गहरी दोस्ती को प्रकट करता है। एक साथ साहित्य को जानने-पहचानने और लिखने का रचनात्मक अनुशासन शायद इसका रुचिकर आधार हो सकता है। एक ठेठ राजस्थानी और दूसरा खालिस भोपाली। चश्मेबद्दूर, इस नजदीकी में कोई जहरीली बूटी उग गई तो देखनेवाले मजा लेंगे! वैसे कहीं कोई स्पर्धा, एक-दूसरे को पछाड़ने की महत्त्वाकांक्षा लगती तो नहीं–शायद साहित्य की कड़ी अराजकता में अपनी-अपनी पहचान बनाए रखने का यह भी एक साझा मैत्री-उपक्रम है।

हमने मंज़ूर से कहा–क्यों साहिब शाम से तो बातचीत का सिलसिला हमारे ही हाथ में रहा–कुछ तो अब आप भी कहिए–

सत्येन हँसे–मंज़ूर किसी मुश्किल मंजिल को पार करने के चक्कर में हैं।

– मंज़ूर साहिब, अगर हर्ज न हो तो यह राज हम तक भी पहुँचाइए।

मंज़ूर एक खास तर्ज की भोपाली हँसी हँसे।

– अजी सखि राज़ क्या, बात इतनी ही कि बन्दा भी एक चट्टान ढूँढ़ रहा है जिस पर बैठकर कहानी या उपन्यास की लय उठा ले।

– यह तो इतना पेचीदा मसला नहीं। हमसे पूछिए तो यह समय–यह रात, सत्येन का घर भी वह मुकाम हो सकता है। जहाँ आपको कहानी का सिरा हाथ लग जाए। दोस्त ऐसा वक्त बहुत मुश्किल से जुड़ता है। फिर आप वीरानों में भटकते हुए आत्मसम्मोहन में डूब आत्मपीड़क उपन्यास लिखने के आदी तो नहीं हैं।

सत्येन ने हमें एक गुस्सैल नजर दी–माफ कीजिएगा आपने शायद राजस्थान के सुनसान धड़कते वीराने नहीं देखे।

हूँ, तो यह सत्येन हैं। भोपाल में बैठकर राजस्थानी हवा के घुमेरों को याद कर रहे हैं। इसे ही कहते होंगे जन्मजात तासीर की बन्दिशें। वह रेतीली हवाएँ–वह पानी, मेघ, बुन्दियाँ, गर्जन और बरखा। बरसने को यहाँ भी क्या कम बरसता है मगर वह वह है, यह यह है।

देर तक चुप्पी छाई रही। अपने-अपने वतनों की सोंधी गन्ध खामोशी से आसपास बनी रही।

सत्येन ने एक लम्बा घूँट भरा और धीरे-से कहा–देर तक बैठे रहें तो आधी रात के बाद, एक उदास-सी सलोनी खुशबू यहाँ फैल जाती है।

हम चमत्कृत हुए। उदास-सी सलोनी खुशबू! इस जिन्दादिल के आन्तरिक कोनों से भला क्या झाँक रहा है! कुछ तो गहरा। व्यक्तित्व में समझदारी और मनमौजी समरसता के बावजूद तल्खी। सत्येन में गहन सोचने-विचारनेवाले लेखक मित्रोंवाली न आत्मकरुणा और न आत्मश्लाघा।

एकाएक सत्येन उचककर बैठे जैसे आगमन या प्रस्थान की तैयारी हो। अजीब गुर्राती-सी आवाज में पूछा–क्यों साहिब आपने कभी राजस्थानी जंगल के अँधेरों पर तिरती हवाओं को सुना है?

हम सावधान हुए।

– देखिए हमारी जानकारी एक सैलानी की तरह ही रही। हाँ, जब कभी हवाएँ शोर करतीं तो हमारी मदद मिश्रीबाई नखरों से कहतीं–साहिब कोई वायरा बाजे है।

सचमुच वहाँ हवाएँ इतनी तेज साँय-साँय कर एक-दूसरे से टकराएँ कि किसी अलिखित अनजानी भाषा का आभास हो।

मंज़ूर ने खुफिया आँख से सत्येन को टटोला जैसे कहते हों–बड़े भाई ठीक दिशा की ओर बढ़ रहे हो। अभी सबकुछ साफ हुआ जाता है।

– आप राजस्थान में रहकर शिकार पर तो गए होंगे?

हमने कुर्सी पर जगह बदली और दोनों का सामना किया।

भला हम कहाँ के शिकारी हैं! दो बार दोस्तों के साथ शिकार पर गए जरूर। घनघोर जंगल की हवाओं और खामोशी के रंग जरूर देखे। मगर जिसने हमें सबसे ज्यादा आहत किया वह था बकरे का बँधना। सन्नाटों में धड़कती उसके रोने की आवाज–दिल दहल गया। कानों को हाथ लगाया–यहाँ फिर कभी नहीं। इस बेबस कराहती आवाज के पास कभी नहीं।

– कभी शिकार करते भी देखा!

– देखा। पहले दबी-दबी बेमामूली आवाजें जैसे खुद-ब-खुद दहलकर खामोश हो जाती हैं। फिर एक ऐसा विराम जिसके बाद सब स्थगित। लगता शिकारी शिकार को नहीं अपनी लाश को उठाए आगे की ओर लपक रहे हैं–मांस भूनने की गन्ध के लिए बेताब–ताकि पता लगे कि वह जिन्दा हैं कि शिकार।

सत्येन तजुरबेकार शिकारी की तरह हँसे–तो आपने भी एक-आध शिकार तो देखा है।

सत्येन के मुखड़े का साँचा कोई और-सा रंग मारने लगा। हूँ। आहटों को समेटने की तालीम। जानते हुए कि हम नहीं सत्येन शिकार का असल बखूबी जानते हैं, हमने बखान को किसी दूसरी ओर बदल देने का इरादा कर लिया।

– देखिए, लेखकों द्वारा प्रस्तुत टैक्स्ट की हवाएँ उन हवाओं जैसी नहीं होतीं जिनकी ताजगी आपकी आत्मा तक पहुँचती हो।

सत्येन और मंज़ूर के चेहरे पर हमने उपहास की मुस्कुराहट देखकर कहा–ऐसे मौसम में हम जाने क्यों हवाओं का शजरा गढ़ रहे हैं। शायद इसलिए कि हमने कुछ ही दिन पहले 'लैसंस विद डान-जान' पढ़ा है।

मंज़ूर के चेहरे पर एक खास तरह की शोखी उभरी। माफ कीजिएगा इसकी एक वजह और भी हो सकती है कि हम निर्मल वर्मा को याद कर रहे हैं।

हमने उत्साह से कहा–मंज़ूर साहिब आपने गलत नहीं कहा। बिल्कुल ठीक बूझा। हमारा इशारा ही इसी ओर था। आप चौकस रहें। निर्मल की पावस

दार्शनिक हवाओं के आकर्षण में उनके करीब जाने की नौबत तो कभी न लाइएगा। वह मूल आप में गैरहाजिर है।

सत्येन ने हमें भभकी दी– आप उनके दोस्त हैं मगर हम उनके प्रशंसक हैं।

– विश्वास करें, सत्येन, हम भी उन्हें आत्मीय पाठक की तरह ही पढ़ते हैं। लेकिन अपने लेखक से उन्हें दूर रखते हैं।

सत्येन के माथे पर गहरे तेवर उभरे।

– हुजूर आप कहना क्या चाहते हैं? मैं आपसे सीधा सवाल पूछ रहा हूँ।

– हम कुछ ऐसा नहीं कह रहे जो हमें किसी के खिलाफ नहीं कहना चाहिए। सत्येन, हमें आपकी कहानी का शीर्षक याद नहीं पर उसके कथ्य का सहारा लेने जा रहे हैं। उम्मीद करते हैं, इससे बात साफ होगी। उस वृत्तान्त ने हमें कुछ समझ दी थी। भाव कुछ ऐसा था कि सार्वजनिक से हटकर वह व्यक्तिगत, निजत्व शब्द जिसका सम्बन्ध मात्र अर्थ और प्रयोग में नहीं उस संस्कार में भी निहित है जो उसके अनुवाद के बाहर पड़ा रह गया हो। यह बात उस पाठ पर भी लागू होती है जो लेखक द्वारा कलमबद्ध किया जाता है।

हमारे कहने की देर कि दोनों यारों की आँखें चमकने लगीं। कुछ ऐसे जैसे हम उनकी पकड़ में आ गए हों।

इसे अनदेखा कर हम अपने लम्बे बरसों के बल पर बुजुर्गों की तरह चालू रहे।

– देखिए जो हम कहना चाह रहे हैं वह इतना ही कि चिन्तन की फंतासी मत अपना लीजिएगा। इसका खतरा मंज़ूर को कम और सत्येन को ज्यादा है।

मंज़ूर चुपके-चुपके मुस्कराते रहे मगर सत्येन तुनके–क्या आपने मेरी इधर की कुछ कहानियाँ पढ़ीं?

– लगभग सभी। आपके कथ्य और शिल्प से प्रभावित न होते तो खुदा गवाह है हम इस प्रसंग पर कभी मुँह न खोलते। हाँ एक बात और, कभी जाने-अनजाने टकराहट हो गई तो नुकसान आप ही का होगा।

जो कहा गया था उसे सत्येन समझे कि नहीं मगर ऐसे हँसे जैसे हमारी बात से कुछ झुँझलाहट तो हुई हो और कुछ इत्मीनान।

बोले–कुछ खा लिया जाए तो कैसा!

मेज की ओर बढ़ते हुए हमने कुछ शिष्टाचार और कुछ हल्केपन से कहा– सत्येन कह सकने की जुर्रत की–इसके लिए माफी–

सत्येन ने प्लेट आगे की और हल्के-से मजाक से कहा–हम आपको उस्ताद माने हुए हैं जो भी कहें सिर माथे पर।

– नहीं सत्येन, यहाँ न कोई उस्ताद है, न शागिर्द। यह इदारा गुरु-चेला परम्परा के बाहर है। बराबर के रिश्ते से एक-दूसरे की रचनाओं को मैत्री भाव से पढ़नेवाले हैं। न शिष्टाचारवश यार-दोस्तों की लिखित पर भक्ति भाव से ओत-प्रोत होते हैं और न एक-दूसरे के खिलाफ रूह में काँटे बोए रहते हैं। ऐसा होता तो इतनी खूबसूरत रात पर अब तक कई विराम हो चुके होते।

खाने के बाद सत्येन ने बर्तन उठाकर सर्विस विंडो पर पहुँचा दिए।

पानदान में से पान उठा लिये गए और हम लोग दुबारा बाहर जा बैठे।

एकाएक धुलाईवाले कोने की टंकी पर से कूदकर कोई जानवर बाहर हो गया। हमने सहमकर पूछा–क्या लोमड़ी?

– नहीं यह ईदगाह की पली-पिलाई बिल्ली बी हैं।

हम लोग देर तक हँसते रहे।

हमने चोर आँखों से घड़ी पर नजर मारी–तीन।

– सत्येन हम आपसे कुछ अनुरोध करने जा रहे हैं। प्लीज आप इनकार नहीं करेंगे।

– कहिए आज्ञा सिर आँखों पर।

– 'शेरनी' या 'जहाज़' के कुछ टुकड़े सुना दें। लम्बी कहानियाँ हैं पर हम इतने से ही परच जाएँगे। क्यों मंज़ूर, आपकी क्या राय है!

– सत्येन मान जाएँ तो कहने ही क्या!

मंज़ूर सत्येन की फाइल उठा लाए। बरामदे की तेज बत्ती जला दी गई। सबसे ऊँची सीढ़ी पर बैठकर सत्येन ने 'जहाज' की पहली पंक्ति पढ़ी।

''याददाश्त बर्फ की तरह होती है। मुझे हमेशा लगता रहा है, कोई भी चीज जैसी रख दो, वैसी ही बनी रहती है।''

(सत्येन के मुँह से दोहराए जानेवाले शब्दों के पार देखते ही हमारा लेखकीय विश्वास डगमगाता-सा लगा। 'स्मृति बर्फ की तरह जमी हुई और कोई

भी चीज जैसी रख दो वैसी ही बनी रहती है।' इन पंक्तियों को पढ़ते हुए भी हम ठिठके थे।

हम इस कथ्य के दाएँ-बाएँ और पिछवाड़े देखने लगे। लगा कोई स्मृति यहीं लटक रही है—खतरनाक।

क्या सत्येन द्वारा यह समय सागर पर तैरते 'जहाज' की शुरुआत है। उस तैराक का तो यकीनन नहीं जो पानी के बहाव के अनुकूल बह रहा है—बल्कि जो अपने होने पर बर्फ का बोझ उठाए बहाव के प्रतिकूल चलने की भरसक तटस्थ कोशिश कर रहा है।

''करीब बीस साल बाद मैं इस शहर को देख रहा था। कुछ नहीं बदला था। वही झील—वही ऊँची-नीची सड़कें, वही आमने-सामने खड़ी बिल्कुल पुरानी और बिल्कुल नई इमारतें। पर नहीं कुछ चीजें तो बदली जरूर होंगी। झील गहरी हो गई होगी या उथली। सड़कें पुरानी हो गई होंगी। नई इमारतें बनी होंगी। लेकिन टैक्सी की खिड़की से गुजरता शहर नया हर्गिज नहीं लग रहा था। लेकिन कुछ देर बाद एकाएक टैक्सी रुकी तो एकबारगी मैं बैठा-सा रह गया। मेरी तरफवाली खिड़की के बाहर दूर तक फैली हुई वीरानी पर नजरें जैसे चिपक कर रह गई थीं। कदाचित चौंककर मैंने दूसरी तरफ देखा। गाड़ी एक बहुत बड़ी कोठी के कम्पाउंड में जाकर रुकी थी। लेकिन मुराद मंजिल! और उसके साथ ही दिमाग में बीस साल पहले की एक चमचमाती कोठी का जैसे एक ग्लौसी-सा प्रिंट उभर आया। अचानक नजरें पोर्च के ऊपर बीचोबीच लगे हुए संगमरमर पर टिक गईं। काले पत्थरों से जुड़े हुए उर्दू के बड़े-बड़े लफ्ज नजर आ रहे थे—'मुराद मंजिल' और उसके नीचे—1916।

"एक कोहरा-भरी धुँधली-सी सुबह और सोई हुई वीरानी से घिरी हुई मुराद मंजिल। मैं अभी तक नीचे ही खड़ा था। आँखों में बीस साल पहले की चमचमाती हुई मुराद मंजिल की तस्वीर जैसे फैलते हुए कोहरे में धुँधली पड़ती जा रही थी और धीरे-धीरे सबकुछ एक नई तरह से पहचान में आता जा रहा था। पोर्च, उसमें खड़ी हुई ब्यूक, ऊँचे-ऊँचे खम्बों से घिरे लम्बे बरामदे, लॉन, फव्वारा, सब कुछ वही था लेकिन—अचानक एक और तस्वीर दिमाग में कौंध गई—योरोप से लौटते हुए न जाने किस पोर्च पर एक जहाज देखा था। डाक-यार्ड से काफी हटकर खड़ा हुआ एक पुराना, टूटा हुआ बेकार जहाज—

"अचानक पोर्च के दूसरी तरफ से मुर्गियों का एक झुंड चीखता हुआ-सा बाहर की तरफ भागा। सन्नाटा जैसे नींद-से चौंक पड़ा।"

सत्येन ने एकाएक फाइल बन्द कर दी। आपका आग्रह था सो पढ़ दिया।

– इनकार मत कीजिएगा सत्येन, कहानी के समापन से एक टुकड़ा और– 'जहाज' जैसी कहानी की इज्जत तो रखिए।

सत्येन बड़ी मोहक हँसी हँसे। पन्ने पलटते हुए कहा–पढ़ते हुए मैं खुद को नौसिखिया लग रहा हूँ।

– आप हम श्रोताओं के साथ ज्यादती कर रहे हैं। मंज़ूर साहिब की तो मंज़ूर ही जानें, अपनी कहें तो इस कहानी की शुरुआत से तो हम न जाने क्या-क्या सीख सकते हैं। सत्येन की वही हँसी ज्यों मजाक हो रहा हो।

– लीजिए, पेश है कहानी के अन्त से एक छोटा टुकड़ा–

"मैं सोच ही रहा था कि क्या जवाब दूँ कि बाहर किसी गाड़ी के रुकने की आवाज आई। शायद सलीम हैं। सलीम मियाँ ही थे। साथ में दो और साहेबान जिन्हें मैंने पहले नहीं देखा था। सलीम मियाँ ने तआर्रुफ करवाया और उसके बाद अपना जाम लेकर मेरे पासवाले सोफे पर बैठते हुए बोले–और मियाँ इमरोज क्या खबरें हैं!

जी दुआ है। मैंने मुस्कराने की कोशिश की।

यार तुम्हारा नाम खूब है।–सलीम मियाँ ने एक लम्बा घूँट लेकर पीछे की ओर टिकते हुए कहा–इमरोज यानी आज–न बीता हुआ, न आनेवाला–"

हम तमककर हड़बड़ाहट में कुर्सी से उठे और सत्येन को हाथ से इशारा किया– बस। और नहीं। 'आज' को आज ही रहने दें। न बीता हुआ, न आनेवाला। सत्येन झटके से खामोश हुए। और कुछ विस्मय से, कुछ हिकारत से हमारी ओर देखने लगे।

सत्येन माफ कीजिएगा आज, इस वक्त, इस लम्हे यह शब्द खुद-ब-खुद आज की रात पर अंकित हो गए हैं। आपको रोकने की गुस्ताखी की–माफी।

एकाएक फोन की घंटी बजी।

सत्येन फोन पर–

– कहो विकी। सब तैयारी है न।

– क्या कहा, गाड़ी और ड्राइवर दोनों गायब हैं।

'नालायक' इस ड्राइवर की पुरानी आदत नहीं गई! सत्येन खिलखिलाकर हँसे। चलो एक साल का फैलोशिप और पक्का–

– नहीं-नहीं, घबराओ नहीं, पहुँच रहा हूँ।

होश-हवास में सत्येन की बन्दोबस्ती अदा।

– आप चाहें तो कॉफी पर बातचीत करें। विकी को स्टेशन पहुँचाकर अभी लौटा–

पम्मीजी ने ड्राइव करने को मना कर रखा है, सत्येन। आपका ड्राइव करना ठीक न होगा। चाहें तो मंज़ूर को साथ ले लें–

सत्येन हँसे–मैं किसी ट्रक से भिड़ा दूँगा तो मंज़ूर क्या कर लेंगे!

सत्येन हँसते-हँसते बाहर निकल गए।

हम दोनों खुलकर हँसते रहे। जवाब नहीं। रातपूती शान है। आँधी-तूफान जो भी हो, दुबके रहने का काम नहीं। सत्येन उसका नाम नहीं।

हम दोनों फिर बाहर जा बैठे। रात की गहराई कुछ-कुछ रंग बदलने लगी थी।

देर तक ऐसी चुप्पी छाई रही जिसके सामने शब्द बेमानी होते हैं।

बाँस का झुरमुट तेज हवा से खड़खड़ाया तो मंज़ूर बोले–आप चाहें तो आराम करें–

– नहीं, नहीं। भोर हुई ही समझो। इस निथरे आसमान को छोड़कर अन्दर–आज तो नहीं। मंज़ूर साहिब कहें, आप किस पर काम कर रहे हैं। क्या लिखा जा रहा है–कहानी, उपन्यास!

– कुछ नहीं–कुछ भी नहीं। यूँ समझिए कि पशोपेश में हैं कि शाम कैसे गुजारी जाए। देखें कब धरातल पर टिकते हैं।

दोस्त इन हालात से तो हम सभी वाकिफ हैं। ऐसे वक्त अपने पर गैर-जरूरी दबाव डालें तो मुश्किल, ढील दें तो और मुश्किल। कभी रचना से खुद को उपेक्षित महसूस करें, कभी अपने को नाकारा। पात्रों को उलझाने-सुलझाने के गुर भी गायब हैं। शायद निठल्ले दोस्तों की महफिल में बैठे होंगे।

मंज़ूर पहले खुद के लिए हँसते रहे, फिर दिलासा देने और लेने के लिए मजाकिया अन्दाज में कहा–गहरे पानी पैठवाले महान कवियों की तरह शब्दकोश खोलकर क्यों न बैठा जाए।

– उस्ताद, हम बिचारे गद्य लेखकों का काम काफी घटिया ही समझें। बीमारी ऐसी कि इससे निजात पाने का इलाज भी एक ही–लिखना। माफ कीजिए–

लिखना ही नहीं, पहले तो यार लोगों के साथ बेमतलब घूमना इस उम्मीद में कि वह किसी शाम रौ में आकर चुपके से हमारी रचना की रूह हमें पकड़ा दें।

वाह क्या अर्क निकाला है! हमने मंज़ूर को बड़े लाड़ से देखा। यकीन मानिए– लिखाड़ियों के गुच्छों को देखकर हम कुछ अटपटा जरूर महसूस करते रहे पर ऐसा सटीक जुमला न तो कभी खयाल में आया और न ही हमने अपने लम्बे सफर में किसी से सुना। मंज़ूर साहिब, इसकी मुबारकबाद तो हमें ढंग से तभी देनी होगी जब अगला जेब से रचना की रूह निकाल आपको पकड़ा देगा।

हम दोहरा-दोहराकर इस फिक्रे को देर तक हँसते चले।

चुप हुए तो जैसे कुछ बदल गया था। क्या तारीख बदली! भोर से पहले का बयार और अजान। मंज़ूर के चेहरे पर कुछ ऐसा जो आपमें दूसरों के लिए विश्वास जगाता है। हमने मंज़ूर की ओर कुछ ऐसे सगेपन से देखा ज्यों हम पुराने बँगला लेखकों की तरह एक ही उपन्यास पर काम कर रहे हों।

हमने भी अपना राज खोला।

– मंज़ूर अपने से कुछ ऐसा हुआ है जो न इतना ठीक है और न ही इतना गलत। 'दो बिछौनों की दो औलादें' वाले उपन्यास को राष्ट्रीय पथ से उतारकर फसील के अन्दर राजधानी के पुराने शहर की ओर मोड़ दिया है। देखें सूरत किस रंग में उभरती है।

बाहर का फाटक खुलने की आवाज। सत्येन लौट आए लगते हैं।

मंज़ूर ने ड्राइंगरूम की ओर झाँका–सत्येन दीवान पर सो चुके थे। मंज़ूर की आवाज कुछ ऐसी आई जैसे बाहर की बात अपने अन्दर से करते हों– अभी-अभी आपने अपने उपन्यास की बात की है। अपनी परेशानी भी आप तक पहुँचाना चाहता हूँ। अपने यहाँ भी बँटवारे की हलचलों के बाद खानदान बँट गए। लाहौर, कराची, पेशावर, बम्बई, कलकत्ता–जो बच गए थे और खैर-खैरियत से नजर आते थे, वहाँ भी नीचे तहों तले भूकम्प-सी दरारें, पर अभी तक जहन में कोई अक्स नहीं उभरा।

– मंज़ूर साहिब कुछ देर के लिए इसे भूल जाइए। खुद बौखला कर कागज पर तैरने लगेगा। हर शै अपने दाम बढ़ाना जानती है। हम दोनों ही इसके शिकंजे से निकलेंगे जरूर। आखिर कलम भी अपना जलवा दिखाएगी। इत्मीनान रहे– आपके हाथों कुछ महत्त्वपूर्ण ही उभरकर आएगा।

हम दोनों ने गर्मजोशी से हाथ मिलाया।

– पम्मीजी उठती ही होंगी। आप दोनों चाय लीजिए–मैं अब चलूँगा।

मंज़ूर साहिब ने फाटक खोला।

हमने उजाला देखकर कहा–मालूम होता है, रात को अचम्भा हो रहा है कि सुबह हो ही गई।

वक्त को कुछ और खींच लेने को कहा–हम आपको टंकी के मोड़ तक छोड़कर आएँगे–अदबी कार्य-कलाप तो पीछे रह गए, अब थोड़ी ताजी हवा भी तो ली जाए।

– लीजिए साहिब यह रही टंकी–अब आप लौटिए।

– नहीं, अगले मोड़ तक। हाँ चाय ली होती तो बिचारे कदमों की चाल बेहतर होती।

सामने एक फ्लैट से किन्हीं साहिब ने मंज़ूर को आवाज दी।

– आज सुबह-सुबह किधर! क्या सत्येन के यहाँ से!

– जी हाँ।

– आइए हमारे साथ एक प्याला चाय तो हो जाए।

मंज़ूर ने सरदार-सरदारनी साहिबा से हमारा परिचय करवाया। चाय पी और हम शुक्रिया कर सड़क पर आन खड़े हुए।

– अच्छा–हम सिमसिम की ओर लौटने को हुए कि सामने सत्येन गाड़ी लिये खड़े थे।

– चाय के लिए आपका इन्तजार हो रहा है। आप चलें–मंज़ूर को घर पहुँचाकर लौटता हूँ। क्यों यार घर से यूँ ही निकल पड़े।

– क्या पैदल घर पहुँचने का इरादा था।

वाह! क्या कुँवराना अन्दाज।

दिल खुला
घर खुला
ड्रिंक कैबिनेट खुली

और
पेट्रोल की टंकी भी खुली!
जरूर खानदान का सबसे बड़ा बेटा। वही रौब, वही अन्दाज, वही भंगिमाएँ।

स्वदेश दीपक की औपन्यासिक कृति 'मैंने मांडू नहीं देखा' याद हो आई है। दिल्ली के त्रिवेणी सभागार में प्रबुद्धों का जमघट। कृति का विमोचन होने जा रहा है। साहित्यिक गरमाहट में एक खास तरह की मुखरता।

सभागार एक ऐसे झिलमिलाते रंग का सजीला प्रकाश छोड़ रहा था जो सिर्फ शक्ति गलियारों की उपस्थिति से ही हासिल किया जा सकता है। उन कृपाओं के सदके जो चुपके से लेखक को सौंप दी जाती हैं और खामोश भंगिमाओं की वाचालता से सार्वजनिक कर दी जाती हैं। इस मुद्रा के साथ कि सावधान अब हम इस कलम के संरक्षक हैं।

मंच पर स्वदेश दीपक, नामवरजी और अशोक महेश्वरी बैठे हैं। लेखक स्वदेश के लिए श्रोताओं की गहरी सराहना और सहानुभूति थी। लम्बी बीमारी के बाद उनकी ताजी कृति का विमोचन सभी को उल्लसित कर रहा था।

हशमत जिन्हें सभागार में ढूँढ़ रहे थे वह थे स्वदेश दीपक के मित्र और प्रशंसक कहानीकार सत्येन कुमार। वह यहाँ मौजूद नहीं, मगर क्यों? बरसों पहले सत्येन ही थे जो यह जानकर कि स्वदेश की मनःस्थिति गहरी उदासी से ग्रस्त है, उसे अम्बाला से भोपाल लिवा ले गए थे। भोपाल से कुछ मित्रों के साथ मांडू ले गए थे। भोपाल से लौटे दीपक जब हमसे मिले तो खूब जोश और उत्साह से भोपाल और मांडू की तफसीलें दीं। किस-किस से किस-किसका झगड़ा हुआ। किसका किससे मनमुटाव और किस पर बहस-मुबाहसा। लड़ाई-झगड़े और प्यार-मुहब्बत भी।

आज स्वदेश के विशाल चित्र के आगे उन्हें मंच पर बैठा देख एक ऐतिहासिक शाम का आभास हो रहा था। बरसों के पिछवाड़े से स्वदेश के माथे का तनाव गायब था। गहरी मानसिक तल्खियों में से निकलकर दमक रहे थे। हमें स्वदेश पर गुमान हुआ। नामवरजी के अनुग्रह पर हम मंच की ओर मुखातिब हुए।

'मैंने मांडू नहीं देखा' यह एक बीमार शख़्स की सेहतमन्द किताब है।

स्वदेश के लिए ढेर शुभकामनाओं के साथ सभा विसर्जित हुई।

नीचे दीपक मिले। बहुत-बहुत मुबारकवाद देकर हमने हाथ मिलाया। दीपक पहले तेवर चढ़ाकर सख्ती से देखते रहे फिर हँस दिए।

आगे के लिए कदम उठाया, फिर जाने क्यों लौटे!–जैसे आँखों ही आँखों में कहते हों–जानता हूँ तुम क्या सोच रहे हो। फिर तनिक और पास आकर कहा–मैं अहसानफरामोश नहीं हूँ। समझे।

– कैसी बातें कर रहे हो यार–यह दकियानूसी मुहावरे तो पिछली सदी के साथ ही दफन हो गए। अब तो दोस्तियाँ की ही जाती हैं हलाक करने और अगले के हाथों हलाक होने को। जिसका दाँव पहले लग जाए। हाँ तुम्हारे उपन्यास का शीर्षक और जहाँगीर सबावाला का कवर कमाल का है। बहुत सुन्दर बन पड़ा है।

स्वदेश की आँखें पहले चमकीं फिर धुँआख गईं–सत्येन से कहना मैं उसके साथ मांडू गया ही नहीं था। इसीलिए मैंने मांडू नहीं देखा।

– यार उन बातों को अब भूल जाओ। अगर उसके साथ तुम भोपाल या मांडू जाते तो तुम्हें इस जन्म में अस्मिता, गरिमा, आत्मा और पवित्रता के अन्तःसम्बन्ध कैसे समझ में आते! कैसे समझ में आती एक ड्राईंगरूम से दूसरी ड्राईंगरूम तक की दूरी।

प्रदेश की प्रबुद्ध हिन्दी बिरादरी अपनी-अपनी कच्ची-पक्की बौद्धिक रसोइयों को पकाने-बनाने में दिन-रात व्यस्त। आखिर आए दिन होनेवाले साहित्य-समारोहों में वह किस-किसको न्योता दें। इसके लिए तो सत्येन का घर और उसकी खुली अदबी आबोहवा! मध्यप्रदेशी प्रगाढ़ साहित्य की स्थानीय घुटन के बाहर मगर विवादों और विचारधाराओं की बहसों के बाहर नहीं।

दोस्तो, ख्यालों ही ख्यालों में हम लौट रहे हैं सत्येन कुमार के घर सिमसिम की ओर। भोपाल की संगोष्ठियों में भाग लेने आए लेखक मध्यप्रदेशी साहित्य संगठनों की सुघड़ स्थानीय व्यवस्था के बाहर इसी घर में ताजगी का आस्वादन करते रहे हैं। सहसा महसूस हुआ न हम वहाँ हैं न स्वदेश दीपक। लेखक की हस्ती के मायने भी कुछ हैं क्या! इधर भीड़ छँटी उधर वह गायब। घर की सभी दिशाओं से उजाला,

धूप-हवाएँ। उस घर के आँगन में बतियाते ताल को निरखते शाम से सुबह कुछ ऐसे हो कि जैसे कविता पाठ की शाम हो। उस हिन्दी लेखक के घर में चुपीती-सी बरकत और गरमाहट जरूर रही होगी जहाँ मौजूद तीन लिखाड़ी उस शाम के बाद तीन अच्छे उपन्यास पेश कर सके–'छुट्टी का एक दिन', 'सूखा बरगद' और 'दिलोदानिश'।

सत्येन क्या उस दुपहर तुम्हें शिकार का हाँका सुन पड़ा था जो जाकर तेंदुए से भिड़ गए! यार जाने की इतनी जल्दी भी क्या थी!

अपने हर बड़े नुकसान की कीमत तुम्हीं अदा करते रहे। सत्येन क्या सचमुच तुम थक गए थे!

जयदेव

तुम कहीं गुम नहीं हुए, जय!

[1]

जयदेव, तुम्हें फोन किया था। देर तक बजता रहा। किसी ने उठाया नहीं। क्या शहर में नहीं हो? शायद चाय के बाद टहलने निकल गए हो! हो सकता है, किसी को रिसीव करने या छोड़ने स्टेशन तक गए हो! तुम्हारे यहाँ आनेवाले मेहमानों की कमी नहीं, आए दिन स्टेशन पर...

वहीं जाना होगा। सैर हो जाएगी और तुमसे मुलाकात भी। इस बरसाती मौसम में स्टेशन पर होना अच्छा लगेगा। मालूम है जय, अपने बचपन से लेकर आज तक हशमत समरहिल स्टेशन की छवि पर फिदा रहे हैं।

यह क्या, प्लेटफार्म पर कोई नजर नहीं आ रहा! न कोई मुसाफिर और न तुम ही। इस गीले मौसम में समरहिल का प्लेटफार्म अजीब वीरान-सा लग रहा है। प्लेटफार्म पर मुसाफिर और असबाब नहीं तो स्टेशन कैसा मनहूस, वीरान और सुनसान लगता है! मालूम होता है, कहीं धरती और आकाश के बीच लटका हुआ है स्टेशन। बरखा की टपकन के अलावा सभी कुछ स्तब्ध सुनसान है। स्टेशन की छत धुँधियाली-सी हुई पड़ी है। रंग मद्धिम। केबिन में बत्ती चमक रही है। उसके पीछे के ऊँचे पेड़ गहरा गये हैं। बिना आकार के अँधेरों के चेहरे पहरुओं की तरह पूरे स्टेशन पर छा गए हैं!

तुम मिल जाते तो हम इस भीगे मौसम का मजा लेते। चाय का स्टाल तो

स्टेशन पर है नहीं। रेल अथॉरिटी को इसका सुझाव तो दिया ही जा सकता था। जय, मुझे हँसी आ रही है यह सोचकर कि तुम्हारे यहाँ भी स्टाल की तरह ही चाय बना करती है। और तुम्हीं प्यालों में अपनापन मिलाकर सर्व करते हो। लगता है, गाड़ी जतोग से चल चुकी है। सिगनल डाउन हो गया है। प्लेटफार्म पर मेरे सिवाय और कोई नजर नहीं आ रहा।

इंजन की भेदती रोशनी धुंध को चीरती हुई ट्रैक पर फैल गई। यह क्या? तुम! हाँ, तुम्हीं हो। गाड़ी से उतरे और बिना किसी ओर देखे प्लेटफार्म पार कर खुले में पड़ी बेंच पर जा बैठे। क्या अपनी कॉटेज की छत पर बने घोंसलों को पहचानने की कोशिश कर रहे हो? तुम्हीं ने बताया था कि कौवे छोटे-छोटे परिन्दों की मेहनत से बने घोंसलों को चोंच मार-मार तहस-नहस कर जाते हैं और तुम सीढ़ी पर चढ़ तिनकों को दुबारा चुन आते हो! वह छोटी-छोटी कटोरियाँ दीख गई हैं जिनमें तुम उनके लिए चुग्गा भर दिया करते थे। वह छोटी-सी गौरैया जिसके जख्मी पाँव का तुम इलाज करवा रहे थे—मुझे याद आ गई है। इतनी रहमदिली तुमने कहाँ से समेट ली थी? उन नन्हे-मुन्ने परिन्दों के लिए तुम कहाँ से वक्त निकाल लिया करते थे?

बौछार तेज हो गई है और गरज के साथ बिजली चमकने लगी है। ऐसे में जाने आँखें क्या-से-क्या देखने लगी हैं।

स्टेशन को फलाँग तुम अँधेरे के साथ-साथ कहीं नीचे उतरने लगे हो। पीली

घाटी की ओर कदम बढ़ा रहे हो। जयदेव, रुको! वहाँ अकेले क्या करोगे? किधर बढ़े जा रहे हो? तुम्हारे पैरों तले अब जमीन नहीं। वहाँ कुछ नहीं, वहाँ न दीवारें हैं, न दरवाजे और न खिड़कियाँ। कहीं वह सुनसान सन्नाटेवाला घर तुमने अपने लिए पसन्द तो नहीं कर लिया! किसी के सुझाव पर कभी हशमत गए थे उसे देखने। एशिया-डॉन की बगल से एक उदास मनहूस-सी उतराई खड्ड की ओर गिरती-सी दिखती थी। उसे देखकर जाने क्यों हौल-सा पड़ा था। तुमने उधर रुख कैसे कर लिया? तुमने तो बरस-दर-बरस धूप में चमकती घाटी को देखते-देखते गुजारे हैं।

पीली घाटी रहने की जगह नहीं। न ही दिन-रात कम्प्यूटर पर काम करने की। क्या तुमने कभी दंडकारण्य के पीले प्रपात को देखा है? किनारे पर खड़े होकर उन भयावह कातिल पीत उफानों को जिन्हें देखते-देखते निगाह खिसकने लगती है नीचे की ओर? पीला निस्तेज पनीला हाहाकार करता–चक्रवात बुनता वह 'फाल' और उसे पाताल की ओर धकेलता। इसका रंग तो देखो–न रक्त की ललाई, न हाड़-मांस की जुड़ाई और न धरती की लुनाई। गिर-गिरकर पटक रहा है लगातार अपने हत्यारे प्रपंच को।

जयदेव, मालूम नहीं, यह पत्र तुम्हें पहले क्यों नहीं लिखा! तुम पढ़ सकते तो फोन पर अपनी विनम्र खरी आवाज में कहते–मुझे आपका पत्र मिल गया है। पिछले दिनों व्यस्त रहा। विदेश से लौटकर ही इसका जवाब दूँगा।

जयदेव, तुम कहाँ जवाब दोगे! नहीं दोगे। अपना पत्र तो एकतरफा संवाद है। हशमत ही कहते रहेंगे। तुम्हारी ओर का मौन तुम्हारी उपस्थिति होगी। हो सकता है, कहीं न कहीं कोई ऐसा इन्टरनेट हो जिस पर इस पार और उस पार के सन्देशे एक-दूसरे को भेजे जा सकते हों!

तीन बरस क्या कम होते हैं–नहीं, काफी नहीं होते–एक-दूसरे को जानने-बूझने के लिए। तुम्हारे चेहरे पर हँसी दीख रही है। उतार-चढ़ाव में, मनमुटाव में खासा वक्त लग जाता है।

हाँ, ठीक कह रहे हो। तुम्हारे पास तो वक्त की ही कमी थी, फिर भी बहुत कुछ कर लिया करते थे। शहर में मित्रों के आगमन, उनके प्रस्थान। बहुत-से लोगों के लिए समरहिल का एक नाम जयदेव भी तो रहा है।

हशमत आँखों में बरसात का वह दिन उतार लाए हैं जब हशमत शिमला पहुँचे थे। जतोग पर अपने को सुव्यवस्थित किया। सामान पर नजर मारी और खिड़की से अगले मोड़ का इन्तजार करने लगे। वहीं स्थित है समरहिल–अपने बचपन का मनपसन्द स्टेशन। एक लम्बी सुरंग और, और आप पहुँच जाएँगे शिमला।

उस दिन बादलों का चँदोवा तना था और वे जमकर बरस रहे थे। प्लेटफार्म सुनसान था। एकाएक एक रेनकोट कहीं से प्रकट हुआ और कम्पार्टमेंट की ओर बढ़ आया। हैन्डल घुमाया दरवाजे का और अन्दर दाखिल।

– मैं जयदेव हूँ...

जयदेव पाँव छूने को नीचे झुके–हशमत परेशानी में हड़बड़ाए।

– हैलो जयदेव, ऐसे नहीं, हम बराबरी से क्यों न मिलें!

– आप मुझसे बड़े हैं...

– जयदेव, तुम्हें निराशा ही होगी। अपने को बड़ा होना नहीं आता।

– यह तो मुझ पर छोड़िए। मैं निभा लूँगा। हाँ, सामान सब साथ है न?

– साथ ही है, मगर आपने इस मौसम में तकलीफ क्यों की?

– तकलीफ कैसी, आपको लेने आया हूँ। यहाँ बरसात तो होती ही रहती है।

समरहिल की सुरंग से बाहर निकल गाड़ी शिमला के प्लेटफार्म पर सरक रही है।

– सामान में कितने नग हैं?

गिनने को हुए–

– मुझ पर छोड़ दीजिए। आप उतरिए।

प्लेटफार्म से बाहर होते ही जयदेव छतरी खोल मेरे हाथ में पकड़ा देते हैं।

– धन्यवाद जयदेव!

राष्ट्रपति निवास, पब्लिक एंट्री। सीढ़ियाँ। सामान कमरे में लगवा जयदेव ने अपने बैग में से इलेक्ट्रिक कैटल निकाली—पानी डाला। प्लग लगाकर ऑन कर दिया।

आप जितने में चेंज करें—चाय तैयार हो जाएगी।

वाह! हम उत्साहित हुए। ऐसे मौसम में चाय का गर्म प्याला। धन्यवाद जयदेव!

केतली में पानी डला था। दो प्यालों में टी बैग्स। चीनी। यह सभी कुछ निकल रहा है जयदेव के बैग में से। बिस्कुट का पैकेट मेज पर रखते हुए कहा—

— चेंज करना चाहें तो कर लें—चाय तैयार हुई ही समझिए।

सुन कर हशमत अन्दर तक तरोताजा—

दूसरे सब काम पीछे—चाय पहले।

जयदेव, उस दुपहर हमारी दोस्ती की वह पहली चाय थी। कितने सुन्दर मग तुमने उपहार में दिये! तुम्हारी केतली लगातार हशमत के किचन को गरमाती रही। शिमला के उन तीन बरसों में तुम्हारी ही केतली अपने घर में आतिथ्य की लाइफ-लाइन थी। तुम्हारे पास वक्त की इतनी कमी थी जयदेव, कि कुछ गिनी-चुनी शामें ही तुम्हारे साथ गुजरीं। जब कभी तुम घर पर आए भी तो चाय तुम्हीं ने बनाई। हशमत को तुम भाते थे, क्योंकि तुम चाय को चाय की तरह चाहते थे।

जय, हशमत तुम्हें देख रहे हैं, फुर्तीली चाल में कदम भरते। पोस्टमास्टर हाउस से तुम दाईं ओर उतरे हो। मोड़ से बाईं ओर, फिर इस्क्वायर हॉल की ओर जाती सीधी सड़क पर। तुम्हारे कन्धे पर झोला लटक रहा है। यह पूरा पिटारा है। किताबें, पेपर, फ्लॉपी और सरोज के हाथों के बने पकवान। तुमने अभी-अभी वह चेन फलाँगी है जो इस सड़क के मोड़ पर लटकी रहती है।

हम लोग कितने प्यार और सत्कार से समझाते! जय, इतने तरद्दुद की बिलकुल जरूरत नहीं। और तुम—ढीठ सयानों की तरह चुप-चुपीती हँसी हँसते और नटखट भाव से कहते—बस, एकदम बस, मैं कुछ सुनने के मूड में नहीं। मैं ताजी चाय ला रहा हूँ।

जयदेव मूड में होते तो सुथरा और सुलझा हुआ कहते। लेकिन तर्क और बहस की विरोधी तनातनी में अपने को खामोशी में सोख लेते। मौन हो जाते। नुक्ताचीनी, शिकवा-शिकायत का सामना न के बराबर। ऐसे में बहुत बार लगता कि तुम अपने को परेशान रखने में माहिर हो। बोलने पर अंकुश लगानेवाली इतनी चुप्पी भी भला क्यों!

इससे हमें परेशानी होती। कभी-कभी हशमत खीजते और अपनी ओर इशारा करके कहते—मुझसे सीखो, यार कूड़ा-कचरा, धूल-मिट्टी सब कुछ बुहार देते हैं। अन्दरवाला आत्मा का घर बिलकुल साफ रखते हैं। जयदेव व्यंग्य से मुस्कराते। कभी-कभी रौ में आते तो ऐसा कहते, ज्यों दराँती के माफिक काट करते हों! पुरअसर सुननेवाला चित न हो मगर तिलमिला जाए। जाहिरा तौर पर बौद्धिक खरोंचों को पचा जाए और अन्दर तक घायल हो जाए। दुबले-पतले अनुशासनप्रिय जयदेव अपने विनम्र परिश्रमी स्वभाव की तमाम असंगतियों को उद्यमशीलता से कुछ ऐसा ढाल लेते कि हुनरमन्दों को हतप्रभ कर देते।

[2]

पिछले दो दिनों से लगातार पानी बरसता रहा था।

सम्पादक की अन्तिम मोहलत कानूनी तारीख की तरह मेरे सिर पर लटकी थी। यह मोहक जाल और जंजाल एक साथ। वक्त पर बुन लिया गया तो सुर्खरू होने का गहरा अहसास।

फैक्स पर नहीं जा सकेगा। बिजली नहीं है।

लिखित पर परायी नजर मारी। इतने पन्ने दुबारा कैसे लिखे जाएँगे!

– हाथ से एक साफ ड्राफ्ट तो और भी किया जा सकता है न!

– नहीं। अब हिम्मत नहीं।

बाउलूगंज से पूछा—क्या बिजली है?

– जी नहीं। यहाँ भी बिजली नहीं।

जयदेव को फोन किया। अपनी परेशानी बताई।

उत्साह से बोले—मुझे पहुँचा दें तो कल सुबह तक निकाल दूँगा।

— ठीक, घंटे-भर में आप तक पहुँच जाएगा।

पन्ने पिन किए। कवर में रखे और मैस में फोन कर कहा—

— शाम की सब्जी-दूध खरीद करने को केसर बाउलूगंज जाएँ तो...हम कुछ जरूरी कागज उन्हें दे दें।

— साहिब, वह तो आधा घंटा पहले निकल गया है।

— हूँ। अब?

खुद ही अपने कान में कहा—जनाब, अब खुद ही वहाँ तक जाना होगा।

चाय। क्या थरमस साथ लोगे!

हर्ज नहीं।

जूते बदले। बरसाती और छाता निकाले। पन्नों को हिफाजत से पोलीथीन में रखा और बाहर निकल लिये।

समरहिल की ओर जाती झुरमुरे एकान्त की यह सड़क। नीचे से रेल जा रही है। अँधेरे में इस छबीली राह की अपनी ही नजाकत। बारिश में नहाती विद्या की खूबसूरत लम्बी-लम्बी हरियाली पत्तियाँ। गुच्छा बनाने को मन हुआ, फिर छोड़ दिया।

जयदेव के यहाँ फूलों और पत्तियों की कमी नहीं, फिर भी हाथ में होते तो हशमत अच्छा महसूस करते।

एक गुलदान के लिए काफी—

चढ़ाई चढ़ती किसी परछाई ने आवाज दी— हाँ, यह बताइए कि इस मौसम में आप बाहर क्यों?

— जयदेव, आप भी इस बारिश में क्यों? हमें तो कागज पहुँचाने थे न!

— मैस में मैंने फोन किया तो मालूम हुआ कि आपको कोई लड़का मिलनेवाला नहीं। सो सोचा, मैं ही ले आता हूँ।

— जय, यह तुम्हारी अपने साथ और हशमत के साथ ज्यादती है।

– आप मुझे फाइल दीजिए और घर को लौटिए।

– तनिक ठहरिए, चाय पी लें तो कैसा?

जयदेव कुछ असमंजस में–यह क्या थरमस में चाय–क्या आपको मेरे यहाँ की चाय पसन्द नहीं :

– आपको लौटने में दिक्कत होगी। नीचे से आज टैक्सी नहीं मिल सकेगी।

हँसकर कहा–हम यहीं चाय पीएँगे।

– यहाँ!

– हाँ, जयदेव, चाय पी थरमस को खाली करें–इसका भी क्या मजा नहीं।

– वाह!

थरमस खुली और चाय की चुसकियों पर हम दोनों हँसते रहे।

मजा आ गया।

– पर आपने यह सोचा कैसे?

तेज बारिश में बाहर निकलना हो तो चाय से भरी थरमस कन्धे पर! जब भी तलब हो, खोलो और गर्म-गर्म चुस्कियाँ भरो।

– चाय की दुकान तक पहुँचने का धीरज आपमें नहीं है।

– है भी और नहीं भी। मान लो, यहीं खड़े होकर कुछ गर्म पीना चाहूँ तो– समरहिल का ढाबा तो दूर है न!

– वाह! जवाब नहीं–

– खास बात नहीं, जय, मौसम की खातिरदारी में अपने लिए यह छोटा-सा उपहार!

– अच्छा जयदेव, कागज हम आपसे सुबह मँगवा लेंगे। आप आने की तकलीफ नहीं करोगे। चलो, अब हम तुम्हें तिब्बत-बॉर्डर फोर्स गेस्ट हाउस तक छोड़कर आते हैं।

– नहीं-नहीं, बिलकुल नहीं। आप वहाँ तक नहीं उतरें–फिर चढ़ाई।

– जयदेव, तुम हमें वहाँ लेने आते हो और छोड़ने भी। हशमत ने भी शर्त बाँध रखी है। हम यही करने जा रहे हैं।

हशमत ने वहीं से तुम्हें उतराई उतरते देखा। तुमने मुड़कर हाथ हिलाया– बाई!

जयदेव, उस अचरज-भरी शाम का कुछ भी धुँधलाया नहीं। इरेज नहीं हुआ। वह सुरक्षित है।

धूप निकली थी।

सेमिनार रूम की ओर बढ़ते-बढ़ते हशमत लॉन में बैठते हैं। हरी घास पर बिछी है धूप की गरमाहट और क्यारियों को झुलाती-लहराती हवाएँ।

सामने कैफे की ओर से जयदेव चले आ रहे हैं।

हाथ हिलाकर हम दूर से हैलो करते हैं।

जय पास आकर विस्मय से पूछते हैं–

– आप इस वक्त बाहर क्यों?

– धूप सेंकने को! चाय के बाद ही अन्दर जाने का इरादा है। आप चलें।

जय सेमिनार रूम की ओर बढ़ गए। हम पीछे से जयदेव की चाल में अजीब तरह की बेहिम्मती देखने लगे। सेमिनार प्रस्तुतियों की हलचलों में ही ऐसी धीमी चाल को चीन्हा जा सकता है।

लॉन में मेज लग चुकी है। चाय-कॉफी-बिस्कुट और गुलदानों में फूल। जॉन हाथ में सफेद दस्ताने पहने प्यालों को तरतीब दे रहे हैं।

धूप में चमकने लगीं रंगीन शॉलें और जर्सियाँ।

चाय का प्याला हाथ में ले हशमत जयदेव की ओर मुड़ते हैं।

– जयदेव, कैसे हो?

– कलवाले पेपर के लिए मुझे दुःख है...

– दुःख क्यों जय, उस पर खासी बहस हुई।

जयदेव ने फीके मगर तीखे कंठ से कहा–जानता हूँ, वक्त की कमी के कारण इस पर उतना काम नहीं कर सका जितना जरूरी था। फिर रही-सही कसर आपने पूरी कर दी।

– ऐसा कहना मेरे साथ ज्यादती होगी, जय!

जय व्यंग्य से हँसे।

– आप दूसरों के साथ ज्यादती करने में माहिर हैं। आखिर आपने जो खुलासा किया, वह तो कमाल था।

– इसे ऐसे क्यों देख रहे हो? आलेख जल्दी में लिखा गया था–इतना तो मानोगे। जो सवाल उठे और पूछे गए, उन्हें स्पष्ट करना मेरा लेखकीय कर्तव्य और अधिकार दोनों ही थे। अध्यक्ष हरीश त्रिवेदी साहिब की ओर से मुझे इजाजत थी और सुझाव भी। ऐसे में सोचा, कुछ हर्ज नहीं।

जय सिर्फ मुस्कराए।

– इस बात को यहीं खत्म करते हैं।

– नहीं जयदेव! आप वह पाठक नहीं जो किसी भी पाठ के साथ मनमानी करता है। आप किसी भी पाठ, किसी भी वृत्तान्त की परतों तक पहुँचनेवाले हैं। इसीलिए 'हशमत' की संरचना को सुस्पष्ट करना जरूरी था।

– पर जिस ढंग से आपने उसे प्रस्तुत किया–

– यह सिर्फ मैं नहीं कह रहा। दूसरे लोगों की बात भी आप तक पहुँची होगी।

– अगर सचमुच उचित नहीं था तो एक बार फिर इसे देखना होगा।

जयदेव, तुम व्यंग्य से हँसते रहे थे।

तुम जानते थे, यह औपचारिक नहीं था।

मेरी मुद्रा जरूर कुछ और कह रही होगी।

दोनों ओर के स्नायु-तन्त्र विपरीत की ओर खिंच रहे थे। उम्र से जिस बड़प्पन की उम्मीद अपने से की जाती है, वह ऐसे मौकों पर अकसर झटका खा जाती है।

कई हफ्ते, गाहे-बगाहे हशमत सोहबत से अपना अन्तर टटोलते रहे। कहीं अतिरिक्त आग्रह, पक्षधरता या अपने को बढ़ा-चढ़ाकर पेश करने की भंगिमा क्या अपनी ओर से कोई संकेत दे रही थी? जाने क्यों ऐसे मौकों पर अपना तौर-तरीका कुछ ऐसे उघड़ता है कि दूसरों की शिकायत वाजिब लगने लगती है। वह हो या न हो।

कई हफ्ते दोनों ओर फोन पर के संवाद कुछ सर्द और सपाट हुए रहे! फिर भी शिष्टाचारी मैत्री-फोन जारी रहे।

[3]

चौकन्ना होना जरूरी था।

एक दिन हँसते-हँसते जय ने कहा—कहीं आपकी खूबियों का बखान हो रहा था! आपने अपने साथियों को खासा आतंकित कर रखा है।

— नई बात नहीं जय।

दोनों ओर से एक लम्बी हँसी।

न नाम पूछा जाएगा और न ही आतंक की व्याख्या की जाएगी। दोनों ओर से एक-दूसरे के लिए इतना लिहाज तो बाकी था ही।

पत्रिका के लिए एक लम्बा आलेख समाप्त हुआ। दिल-दिमाग में एक नई चुस्ती और स्फूर्ति।

लिफाफा बन्द किया। पता लिखा। खाली लिफाफे के पैकेट में कुछ भारी-सा महसूस किया। पैकेट खोला। वाह! हरे सुहावने नोट! कभी अपने से छिपाकर रखे होंगे।

खिड़की से बाहर देखा। बादल बरसने को था। तुरन्त अपने लिए शाम का प्रोग्राम तय कर लिया। यह कवर तो चौड़ा मैदान पोस्ट ऑफिस से स्पीडपोस्ट में भिजवाया जा सकता है और इन रुपयों का भुगतान 'सिसल' में।

अपने को खबरदार किया। बहुत महँगा है यह पाँचसितारा—छोड़ दो उसका खयाल।

सिसल की चकाचौंधी दुनिया। हमारे मध्यवर्ग की नियति से कुछ-कुछ दूर कुछ-कुछ पास, कुछ सच्चे-झूठे मुलायम सिन्थैटिक मुगालतों की दौड़। आज खुश हैं तो हशमत उसी ओर मुँह करेंगे। अपने को खबरदार किया—बहुत महँगा है।

चलेगा। ये रुपए तो पड़े पाए। फिर जो हम वहाँ से ढूँढ़ लेंगे—अपनी एक पुरानी छवि। नई पोशाक और नए जूते। हम मिल रहे थे अपने सम्बन्धियों से जो लन्दन से आए थे और सिसल में ठहरे हुए थे।

बाहर देखा—पनीली टपकन धार में बदल चुकी थी। छोड़ो। सीधे माल की ओर निकल जाओ। नहीं, नहीं—इरादा बदलने का कोई कारण नहीं।

पीटर-हाफ को लगभग फलाँगते हुए ऑडिट अकाउंट की बिल्डिंग सामनेवाली सड़क से पोस्ट ऑफिस। लिफाफे पर टिकट लगा स्पीडपोस्ट रजिस्ट्री करवाई और सामने आँखें गड़ा दीं। वह रहा सिसल होटल।

हाँ, वही।

जँगले पर खोलकर छाता फैला रखा है और ऊपर तिरपाल। अँगीठी लहक रही है। भुट्टे भूने जा रहे हैं। सामने बाबा साहिब अम्बेडकर की प्रतिमा पथरीली पुख्तगी से जमी है। होटल के बाहर की कार पार्किंग में बड़ा जमावड़ा। लाल बत्तीवाली गाड़ियाँ भी कम नहीं। हिमाचली नौकरशाही। बाबा साहिब की मौजूदगी अपने नागरिक को आगाह करती है और कदम खुद-ब-खुद निर्णय लेते हैं। सिसल जो भी हो—अगर आत्मविश्वास और जेब गर्म हो तो क्या परेशानी है, आत्मविश्वास अब जेब की गरमी से प्रकट होने लगता है।

सामने की ओर बढ़ते-बढ़ते सोचा—यह हम जैसे लेखकों की जगह नहीं। रुपए का ठीक इस्तेमाल करो। हशमत इतमीनान से एक रूखी नजर पाँचसितारा पर डालते हैं और अपनी आत्मछलना से बचकर पुराने लिफाफे से निकली रकम बचा लेते हैं।

दुकान, बेकरी-कैमिस्ट-हलवाई। दशकों-दशकों पहले यह सजीली सड़क गोरों का रिक्शा खींचनेवालों की गर्म वर्दियों से चमचमाती थी, वहीं आज सजे हैं समोसे, जलेबी, गुलाब जामुन। अँगीठियाँ लहक रही हैं भक्ख-भक्ख, कड़ाहियाँ चढ़ी हैं और तली जा रही हैं जलेबियाँ।

पूरा हिमाचल हर दिन कितने टन जलेबी हजम करता होगा! आँकड़े जरूरी हैं। इस पर भी रिसर्च की जा सकती है। ऐसे मौसम में चाय क्यों नहीं! छाता बन्द कर अन्दर जाने को हुए कि सामने से आते दिखे जयदेव।

गर्मजोशी से बोले—आप इस मौसम में यहाँ!

– और आप इस बरसात में कहाँ से लौट रहे हैं?

– माल से लौट रहा हूँ।

– हम माल जाने की तैयारी में हैं। क्यों न एक-एक चाय हो जाए!

– आप यहाँ बैठना पसन्द करेंगे! आपको तो अटपटा लगेगा।

– भला ऐसे क्यों कह रहे हो जयदेव!

– इसलिए कि बाउलूगंज में आपको कभी चाय पीते नहीं देखा। जलेबी-समोसे से आपको इतना परहेज क्यों है?

– शिमला में तो भीगती शामों का मेवा ही यही है।

– आइए–

हम आमने-सामने सँकरे बेंचों पर विराजमान हो गए। कहाँ यह मिष्टी महक वाली हलवाई की हट्‌टी और कहाँ वह फाइवस्टार, सिसल और सरकारी रुतबा घर पीटर हाफ! चाय पर हम लोग जी भर-भरके हँसे उस शाम और मजा ले-लेकर खाते रहे गर्म जलेबी और देसी गाढ़े शीरेवाले गुलाब जामुन। बंगाली रसगुल्लों के हमजुल्फ–एक पनीर का, दूसरा खोये का।

अब नमकीन हो जाए। समोसे। दो प्लेट समोसों का ऑर्डर। खाते-खाते चिन्ता की मिरची लहर उठी और चेहरे पर फैल गई।

जयदेव ने बड़े सलीके से पूछा–कहीं कुछ भूल तो नहीं आए?

– नहीं, समोसे के साथ कुछ याद आ गया है।

– पूछ सकता हूँ क्या?

– हाँ। इसे खत्म करके बताते हैं।

गर्म-गर्म चाय का दूसरा गिलास। खूब मीठी चुस्कियाँ जो इस मौसम में सिर्फ ऐसी शीरे भरी दुकानों पर ही ली जा सकती हैं।

हम उठे और कैमिस्ट शॉप पर जा खड़े हुए। समोसों का इलाज।

दवा का पत्ता उठाकर पर्स में रखा।

– जय, अब हम अपनी सेहत के लिए बेफिक्र हैं।

बरसात कुछ थम गई थी। हम मजे-मजे चलते हुए इन्स्टीट्‌यूट के फाटक पर पहुँच गए। हलकी-सी चढ़ाई पर भी हशमत की पुरानी मशीन को साँस चढ़ने लगा था। जयदेव बोले–कुछ देर रुक सकते हैं!

राष्ट्रपति इस्टेट की यह गहराती शाम! पेड़ ढलते सूरज को चुनौती दे रहे हैं और वह बच्चों को परचाने के लिए हलकी चमकीली रोशनी फैला रहा है। अपने-अपने वृत्त में बने रहो बच्चो, कल मिलेंगे। तब तक आराम करो।

झींगुर बोलने लगे थे।

– आपका मालरोड जाना तो रह गया।

– कोई गम नहीं।

– अचानक ही सोचा था कि आज सिसल में चाय पी जाए! पोस्ट ऑफिस तक जाना ही था।

जयदेव तुनके।

– याद होगा, मैंने आपसे कहा था कि कुछ भी पोस्ट करना हो तो मुझे बताया करें। मेरे घर के पास ही तो पोस्ट ऑफिस है। ऐसी बरसात में आपको यह काम करना पड़े–यह ठीक नहीं। ऐसा कोई भी काम हो–एक फोन काफी है!

– जयदेव, इत्तफाक समझिए कि इसी बहाने हम यहाँ मिल गए!

– काम कैसा चल रहा है?

– ठीक-सा! हाँ, आप क्या कर रहे हैं इन दिनों?

– 'हशमत' को फिर से देख रहा हूँ। आपको बताना चाहता हूँ कि जब दुबारा पढ़ा तो कुछ नया दिखा। इस बात को लेकर परेशान हुआ कि उस दिन ठीक से क्यों नहीं कर पाया।

– जय, लगता है, हम दोनों अपने-अपने ढंग से उस शाम पर ठिठके हुए हैं। हशमत उस शाम की सम्भावनाओं को शायद ऐसे कोण से देख रहे थे जहाँ 'हशमत' के पाठ से ज्यादा अहम हो गया था 'हशमत' का लेखक।

उस दिन के लिए माफ़ी जयदेव!

– आगे कुछ और नहीं, क्योंकि माफ़ी तो मुझे माँगनी है।

इस्क्वायर हॉल वाली सड़क पर हमने एक दूसरे को बाई-बाई की! जय नीचे उतर गए और हशमत ऊपर की चढ़ाई चढ़ने लगे। विस्मयकारी क्षण। हल्के अँधेरे गहराते पहाड़ जैसे हमेशा के लिए जुड़ा है यह क्षण।

जय जैसे खालिस खरे दोस्त को कौन खोना चाहेगा!

हम उसे ही खो देते हैं जिसे ज्यादा चाहते हैं।

जयदेव की ग्रे जर्सी और उसमें से ऊपर की ओर निकला शर्ट का कॉलर, उत्तर प्रदेशी लुनाई में कुछ ज्यादा ही चमक करता है। पुराना लगता है पर शख्सियत पर फबा हुआ।

इस पर बात हुई तो जयदेव संकोच से हँसे। शाबाशी देने के अन्दाज में कहा–आपकी कल्पना और उसकी नाटकीयता दोनों काबिले-तारीफ हैं।

अगले दिन 'हशमत' को लेकर जयदेव फोन पर थे।

– कोशिश कर रहा हूँ यह समझने की कि इन टुकड़ों में कौन-से हिस्से स्त्री-पाठ में आते हैं और कौन-से पुरुष-पाठ में!

नटखट होकर कहा–जय कहीं अपने आलोचकीय विमर्श में यह न कह दो कि यह स्त्री का पाठ है, इसे सिर्फ स्त्री पढ़े। यह पुरुष का पाठ है, इसे केवल पुरुष पढ़े।

– मानवीय पाठ कौन प्रस्तुत करेगा! क्या सिर्फ पुरुष ही?

– आपके खयाल में त्रस्त और त्रासदी तो स्त्री है और चिन्तन और विवेक पुरुष है।

जयदेव की बेरुखी संकोच में ऊपर आई–क्या आप कुछ ऐसा कहना चाह रहे हैं कि यह पुरुष के पुरुष होने के भुजबल से जुड़ा है?

– नहीं, ऐसा नहीं। आप अपने मापदंडों से पाठ की जाँच करें। हशमत क्या कहते हैं, इसे भूल जाइए।

– नहीं। मैं स्त्री राजनीति पर नहीं हूँ। मैं इसे साहित्यिक पाठ की तरह देखना चाहता हूँ।

– आपसे सहमत हैं हशमत।

– स्त्री-पुरुष की अलग-अलग सीमाओं-संस्कारों का अतिक्रमण हो रहा है, किया जा रहा है। ऐसे में स्त्री-पुरुष दोनों के अपनत्व और सामूहिक पहचान में भावात्मक ताल-मेल बिठाने को एक नई भाषा ईजाद करनी होगी जो मानवीय सम्बन्धों की फिर से पड़ताल करेगी।

– लगता है, भाषण सुन रहा हूँ।

हम दोनों हँसे।

– जयदेव, हम लेखकों के पास, अपने-अपने हक में कुछ छोटी-बड़ी जानकारियाँ होती हैं जिन्हें हम रचनात्मक सच्चाइयाँ बना लेते हैं। आप अकादमिक अपने आलोचकीय सिद्धान्तों से कुरेदिए! फिर हमें समझाइए कि देखो भाई, लिखाड़ी, खिलाड़ी ऐसे बना जाता है।

जय अच्छे मूड में थे—इन दोनों के फर्क पर रोशनी डालिए।

– जैसे कोई कहे—हिमाचली हैं सुन्दर-सौम्य, भले और समझदार। मैदानी पंजाबी भाइयों की तरह फितूरी और तन्दूरी नहीं। इन दोनों की देह-भाषा में फर्क लगे तो नया दर्शन बनाना होगा। समझ लें कि सिद्धान्त बन गया।

– अब मालूम हुआ, आप शब्दों को कैसे मिलाते-जुटाते हैं।

– बुरा मत मानना जय, अदबी हेकड़ी से नहीं कहा जा रहा—यह इतना सहज और सहल नहीं। राज की बात इतनी ही कि ये दोनों शब्द 'हिन्दी दिवस' की देन हैं। ऑडिट एंड अकाउंट्स के हिन्दी समारोह में एक प्रहसन प्रस्तुत किया गया था। पंजाबियों पर इतना सटीक कि वहाँ बैठे-बैठे तन्दूरी और फतूरी का जोश हमारी डिक्शनरी में दाखिल हो गया।

हम देर तक हँसते रहे थे।

हशमत की चीरफाड़ वाले पुराने सब तनाव हवा हो गए।

बाउलूगंज की छोटी-सी दुकान में मोजा लेने गए कि छोटे-छोटे तावलों पर नजर पड़ी। उनके साथ ही खयाल में आ गई अपनी छोटी-सी सहेली कस्तूरी बरुआ। चंचल-चपल चौकन्नी, और सुन्दर मुखड़े पर नाम जुड़ा है कस्तूरी! फूलों की कढ़ाईवाले दो हैंड तावल लिये और जैसे ही बाहर निकली, एक साथ दीखे जयदेव और कस्तूरी अपने माता-पिता के साथ। छोटी-सी बचपनी आवाज ने नाम से पुकारा—आप यहाँ क्या कर रही हैं?

जयदेव बोले—नमस्कार।

हम चकित हुए।

– हैलो जयदेव!

– आप पहले सबसे ताजा पीढ़ी से बात कीजिए।

– वाह, आप दोनों ही हमारे आगे हैं और ताजे पीढ़ी के हैं।

– नहीं—इस समय मध्यस्थ हो आप दोनों को मिला रहे हैं।

कस्तूरी बोली—आप किसको मिला रही हैं? अंकल क्या कह रहे हैं?

जयदेव ने कस्तूरी से हैलो की और प्यार से कहा—यह मुझे आपसे मिला रहे हैं।

हशमत चकित। जयदेव कुछ कह रहे हैं।

बरुआ युगल खड़े-खड़े मुस्कराते रहे। हमने लिफाफा आगे किया—यह तुम्हारे लिए कस्तूरी।

थैंक्यू! मैं आपके लिए भी एक छोटी-सी भेंट लाऊँगी।

हमने झुककर कस्तूरी के कान में कहा—हमें तो तुम्हारी ड्राइंग चाहिए। अपने घर में लगाने के लिए!

– अच्छा, दूँगी आपको।

फ्रैंच बाअलू भाइयों के नामवाला यह पहाड़ी बाजार काफी दिलचस्प।

– अब किधर?

– कल भीष्म और शीलाजी आ रहे हैं। आपको आना है। हाँ, जयदेव, मैंने आपकी बताई बेकरी में केक ऑर्डर किया था। अब हम उस पर भीष्म और शीलाजी का नाम लिखवाना चाहते हैं। आपके पास बेकरी का फोन नम्बर है।

जयदेव, हशमत आज भी तुम्हारी वह निगाह नहीं भूले। व्यंग्य, मैत्री, विस्मय और खीज एक साथ। कुछ ऐसे, जैसे विश्वास न होता हो कि हम ही यह कह रहे हैं और कितनी दिखावटी है यह सोच!

हमने अनदेखी कर कहा—आपके पास उसका फोन नम्बर होगा।

जयदेव ने मानो हमारा सरोकारी पाठ पढ़ लिया हो!

– जो लिखवाना चाहते हैं, लिखकर दे दें। उस तक पहुँचा सकूँगा।

– आपको परेशान कर रहे हैं।

जय ने तीखेपन से एक बार फिर से सरसरी नजर से देखा, जैसे सोच रहे हों—यह कैसा साँचा है और हँसकर कहा—अब उसकी चिन्ता न कीजिए। आपके मन-मुताबिक ऑर्डर किए केक की सारी बारीकियाँ देख ली जाएँगी।

लगा, जय मन-ही-मन हँस रहे हैं। यह सोच-सोचकर कि इस वर्ग की असलियत आखिर है तो क्या!

– याद रखिएगा, जय और सरोज, आप कल शाम आ रहे हैं।

– इसके लिए आपसे अभी माफ़ी माँग लेता हूँ। कल सुबह दिल्ली से मेहमान आ रहे हैं।

– उन्हें साथ ले आइए, जयदेव! आपका आना जरूरी है।

जयदेव के चेहरे पर गंगा-जमुनी धज उभरी–इन्तजार न करें। मौका लगा तो पहुँच जाऊँगा, नहीं तो...

सरोज पास खड़े-खड़े मुस्काती रहीं।

भीष्म और शीला के साथ शाम अच्छी रही। चाहनेवालों से घिरे दोनों खुश थे। मगर भीष्म के करीब होने पर भी जयदेव-सरोज शामिल न हो सके। 'बसन्ती' पर चर्चा होती रही। जय ने अंग्रेजी में इसका अनुवाद किया था।

शिव 'डार से बिछुड़ी' के अनुवाद पर थे। दोनों अनुवादक एक दूसरे के सुझावों पर गौर कर रहे थे।

बेशक जयदेव के पास वक्त की कमी थी पर कंजूसी नहीं। मदद के लिए हमेशा तत्पर।

महीनों बाद एक दिन माल पर घूमते-घूमते जय से मुलाकात हो गई। जाने क्यों वह बहुत अकेले लगे! चेहरे पर भाव कुछ ऐसा कि कुछ भी कुरेदना या टटोलना खतरनाक होगा।

आशियाने में लंच के लिए निमन्त्रण दिया तो व्यस्त होकर कहा–मैं जल्दी में हूँ। इस वक्त नहीं। हाँ, आप आएँ इतवार को। लौटने में टैक्सी का इन्तजाम हो जाएगा।

– आपके यहाँ आना तो सदा ही अच्छा लगता है। हम शनीचर शाम फोन करेंगे। हाँ इस वक्त तो कुछ लें...

– नहीं-नहीं–मुझे कहीं पहुँचना है। वक्त दे रखा है। अच्छा...

जयदेव जल्दी-जल्दी लिफ्ट की ओर बढ़ चले।

यह शिक्षक-गण कितने मसरूफ और हम जैसी मौजमार लेखक-बिरादरी

हमेशा फुर्सत-ही-फुर्सत में। कभी तो दूसरों को शक होने लगता है हमें देखकर कि कहीं हमने लिखने का काम किसी दूसरे को ठेके पर तो नहीं सौंप रखा!

हम हैं, जाने कब लिखते-पढ़ते हैं। एक यह है कि हमेशा व्यस्त। अशिक्षित उपन्यासकारों और शिक्षित आलोचकों के दरमियान का फर्क लगातार साफ होता रहता है।

कैसे समझाएँ उनको कि हमारे निकट अध्ययन का अकेला और इकहरापन उस एकान्त को रूपान्तरित नहीं करता जिससे रचना जन्म लेती है। उसके लिए पहले अपने को उन्मुक्त छोड़ना होता है और फिर संयम से अनुशासन से जोड़ना होता है। शब्द के प्रति हम जैसों की दोहरी जिम्मेदारी है।

उस्ताद हम भी वक्त की गिरफ्त में हैं, मगर आजाद लगते हैं। जाहिरा तौर पर जय अपने को वक्त की सीमाओं-हदों से बाहर रखते हैं, क्योंकि संयम की सत्ता से जुड़े रहते हैं।

उस दुपहर जय से मुलाकात का प्रभाव कुछ ऐसा हुआ कि इस 'न्यूट्रल जोन' में हमने आशियाना लंच मिस कर दिया। शायद अच्छा ही किया। ताजे टमाटर का सूप लिया। पलटकर पान की दुकान से 'डनहिल' सिगरेट का एक पैकेट जयदेव के लिए खरीद लिया।

उन्हें दिया तो संकोच और रुखाई से कहा—मैं तो आपके सामने कभी सिगरेट नहीं जलाता। फिर यह महँगा ब्रांड मेरा नहीं। आप मेरी आदत बिगाड़ रहे हैं।

– इसका अन्देशा न रखो जयदेव! हम ऐसा नुक्ता हैं जो न किसी को बिगाड़ सकता है और न सँवार सकता है। इसे अपने जैसे बन्दे की पसन्द समझो जो कभी-कभार तनावों को कम करने के लिए इस ब्रांड को जलाता-बुझाता रहा है। तुम्हें मालूम हो जयदेव, हम जैसे अपनी मेहनत के पैसों की बहुत इज्जत करते हैं। तुम्हें गलतफहमी न होनी चाहिए। हम न पैसा फूँकते हैं, न झोंकते हैं। सोच-समझकर तमीज से खर्च करते हैं। हिसाब सुनो। उस दिन लंच नहीं लिया—दो सौ साफ बचे। जो टिप देना था, उसका सूप पिया। सिगरेट के लिए एक पत्ता दिया, बाकी चेंज वापस। अब बताओ, कैसा रहा यह गिना-चुना करतब!

– माफ करें। मुझे नहीं कहना चाहिए था।

– क्यों नहीं, जय हम व्यक्तिगत नहीं तो अपनी कार्यकारी चिन्ताओं को तो बाँट सकते हैं। लिखने-पढ़ने के दबाव में कभी तो मादक गन्ध भी चाहिए होती है। चाहें तो...

जयदेव की आँखों में शिक्षक का अनुशासन उतर आया। गम्भीरता से कहा–चाय-सिगरेट की लत ही काफी है। इसके आगे अपनी कोई दिलचस्पी नहीं।

हम मन-ही-मन इस समझदारी पर हँसे।

– आपके दोस्त इतने हैं कि एक-एक शाम एक को मिलें तो साल-भर की शामें व्यस्त।

– नहीं, अपने परिचित ज्यादा हैं, दोस्त कम, दुश्मन और भी कम। ज्यादा लोगों को अपने में दिलचस्पी नहीं। दोस्तों से परिचित कहीं अच्छे। न वे दोस्तों की तरह आपके समय को लेकर मनमानियाँ कर सकते हैं, न आप उन पर बोझ डाल सकते हैं।

जयदेव व्यंग्य से हँसे–अच्छा है, आपने यह खुराफातें नहीं पाल रखीं। हाँ, हम जैसे किस श्रेणी में हैं? परिचित!

– नहीं। सब दूरियों के बावजूद आप एक अच्छे दोस्त हैं। दोस्त! कोई एतराज तो नहीं, जय!

जय चौकन्ने हो गए।

कहा–हम न जाने ऐसी बातें क्यों कर रहे हैं!

हशमत कहना चाहते रहे कि तुम्हें उकसा नहीं रहे जयदेव, लगता है तुम्हारे तनाव तुम्हारे अन्दर घर कर रहे हैं। उनके लिए बाहर का रास्ता बनाना हमेशा सेहतमंद है।

हम सोचते रहे–न कहीं झुंझलाहट का कारण है, न छटपटाहट का–फिर जयदेव को कौन-सी अनदीखती चिन्ताएँ घेरे रहती हैं, जैसे उन्हें कहीं जल्दी-जल्दी पहुँचना हो!

[4]

जयदेव ग्यारह बजे आने को थे।

शम्मोजान और कामदार भीखम लाल के अनुवाद को लेकर कुछ प्रश्न और पाठ की जिज्ञासाएँ थीं।

खिड़की से उन्हें आते देखा तो मेज पर चाय लगा दी।

ऊपर पहुँचे तो–जय, हम आपके साथ चाय का मुकाबला कर रहे हैं। सोचा, एक बार तो आपके लिए हशमत भी चाय बना सकें। बाद में आप मौका नहीं देंगे।

दशकों के बाद इन पुरानी कहानियों का पाठ पड़तालते हुए हशमत को अपने कपड़ों से एक खास कालखण्ड की पुरानी गन्ध आने लगी थी। मन-ही-मन बहुत कोफ्त हुई, मगर जयदेव की तालीम में बीच का रास्ता नहीं है।

मौसम सर्द था और खुशगवार, इसलिए कायदे से सब कुछ सम्पन्न हुआ। शम्मोजान के कागज समेटकर फाइल में रखे जयदेव ने और किचन से ताजी चाय बनाकर ले आए।

– काम कैसा चल रहा है?

– वही बेढंगी चाल और धीमी रफ्तार जो पहले थी सो अब भी है।

जयदेव हँसे नहीं।

– सुनते हैं, आपकी शामें सार्वजनिक हो उठी हैं।

– क्या समारोही परिधान की तरह दूर से नजर आने लगी हैं?

– क्षमा करें, शायद मुझे पूछना नहीं चाहिए...

– क्यों नहीं जय–मित्र होने के नाते तुम्हें अधिकार है।

– आपके साथियों का कहना है कि आपको शाम का शुगल भाता है। इसीलिए यार-दोस्त इकट्ठा होते ही रहते हैं।

– देखो जय, इतनी सुन्दर जगह में अपन ने चिन्ताओं की हाट नहीं लगा रखी। उन्हें तो हम दिल्ली के गोदाम में बन्द कर आए हैं। वापस पहुँचकर देखेंगे। अपन तो मजे-मजे काम करते हैं और अपने को खुश रखते हैं। इस पर भला किसको

एतराज हो सकता है! सेमिनार के बाद और डिनर से पहले का वक्त अपने यहाँ इसलिए कि अपना घर डाइनिंग रूम के निकट पड़ता है। दोस्तों का इकट्ठा होना भी क्या बुरा है!

जयदेव खामोश रहे।

प्यालों में चम्मच चलाकर कहा—वक्त आपका है, किसी और का नहीं और काम भी आपका है, किसी और का नहीं।

हम हँस दिए।

— सूक्तियाँ घड़ने लगे हो जयदेव!

जयदेव अपनी चुप्पी को जैसे तरतीब देते हैं—कहाँ तक पहुँच गया है उपन्यास। भीष्म नियमित रूप से काम किया करते थे।

— दिग्गजों से हमारा क्या मुकाबला! हम उनकी पंक्ति में नहीं हैं।

जयदेव के माथे पर तेवर देखकर कहा—देखो, इतनी बारीक बातें हमारे दिमाग में देर से पैठती हैं और देर से ही खुलती हैं। यह न भूलो कि अपने पास एक पंजाबी खोपड़ी है। बात की महीन सुइयाँ देर से प्रकट होती हैं।

जयदेव कुछ ऐसे चकित हुए ज्यों हमने अनजाने में ही उनके मकसद को छूने का निर्णय किया हो!

— सभी को आपसे बहुत उम्मीदें हैं।

— पर जय, हमें उतनी ही जितने के हम लायक हैं। हशमत अपने को दशकों से जानते हैं। जो चाल पहले थी, वही अब भी है। हम बड़ी-बड़ी उम्मीदों को अपने से दूर रखते हैं और छोटी-छोटी पर अपने को ललचाते नहीं, पर कोई हड़बड़ी नहीं।

जयदेव में शिक्षक स्थित हो गया।

तीखी आवाज में कहा—

— सुनते हैं, आपने क्षेत्रीयता और स्थानीयता को लेकर कोई फिकरा कसा है, जो अच्छी रुचि का परिचायक नहीं।

— हैरान होने की क्या बात है! बातचीत में लोक कथात्मक आस्वाद का पुट भी यदा-कदा उभरता रहना चाहिए।

बदले में जय ने तीखे गले से कहा—जिसने मुझे बताया है, उसने खुद भी बहुत बुरा मनाया है कि आपने उसे विशेष रूप से धमकाया।

लगा, जयदेव खुद प्रदेश बनकर हमसे सफाई माँग रहे हैं।

– देखो जय, अगर हिमाचल में बैठकर कोई भी हिन्दी प्रदेशी यह कहे कि हिमाचल में आकर हम जैसों का हिन्दी का उच्चारण बिगड़ जाता है तो आप कैसा महसूस करेंगे? जयदेव, आप भी अब हिमाचली हो—सुनकर कैसा लगेगा? यह सिर्फ भाषायी हेकड़ी ही नहीं थी, शिष्टाचार के भी विरुद्ध था। जो प्रदेश आपका मेजबान है, उसके उच्चारण के बहाने उसकी अवमानना करना हमें गलत लगा। उच्चारण बिगड़ने और बदलने की बात करें तो इलाहाबाद, बनारस, लखनऊ, कानपुर, पटना, भोपाल, जयपुर के उच्चारणों का क्या हम बारीक फर्क नहीं समझते? अपने-अपने स्थानीय रूपों को हम दूसरों पर क्यों लागू करना चाहते हैं? हिन्दी का स्टैंडर्ड उच्चारण तो सिर्फ इलाहाबादवालों में है। उन्हें ब्रिटिश काउंसिल की तरह इसके कैसेट बनाने होंगे। एक-दूसरे को दीन-हीन समझने की और दूसरों पर छींटाकशी की आदत से अपने को उबारना होगा। जरूरत से ज्यादा बतरस अच्छा नहीं।

जयदेव जल्दी में पीछे मुड़े– मुझे दुःख है, मुझे आपसे इस प्रसंग पर बात ही नहीं करनी चाहिए थी।

– जयदेव, अब तुम गलत हो रहे हो। दोस्त, आप हमें हमारी गलती नहीं बताओगे तो हम अपने को सुधारेंगे कैसे?

– यूनिवर्सिटी में चर्चा थी कि आप अपने तानाशाही स्वभाव से लोगों को त्रस्त किए रहते हैं।

– हकीकत इससे ठीक उलटी है। साफगोई से त्रस्त होने की कमजोरी हमें छोड़नी पड़ी। हँस-हँसकर सहमति और खामोशी से असहमति, यह वयस्क होने का तरीका नहीं।

जयदेव खामोश हुए रहे। माथे पर तनाव दीखने लगा था।

– क्या ताजी चाय हो जाए?

जयदेव के गंगा-जमुनी मुखड़े पर फिर घटा उभर आई।

– इस बार दालचीनी और अदरकवाली चलेगी न?

– हाँ।

दोनों चुपचाप चाय पीते रहे। सैर से लौटकर शिव शामिल हुए तो जयदेव की रुखाई पर कुछ चिकनाहट उभरी।

जय ने इस किचन की गड़बड़ देखकर गैस का कार्ड कवर में डालकर ऐसे लटका दिया था कि आँखों के सामने रहे और गैस-सिलेंडर के खत्म होते ही भगदड़ न पड़े।

– अच्छा, तो अब चलें। सरोज इन्तजार कर रही होगी।

हम बाहर लॉन में खड़े-खड़े जाने के क्षण को टाल रहे हैं।

– जयदेव छोटी बातों के लिए अपने को परेशान न किया करो। अन्दर से बाहर बुहार दिया करो। कमरों में गर्द इकट्ठा हो जाती है तो उसे साफ करना पड़ता है। किसी का कहा-सुना, नोक-झोंक, तीर-तरकश दिल के अन्दर धँस जाए तो उसे अविलम्ब अपने से बाहर कर दो। जय, हम ऐसा ही करते हैं, करते रहे हैं। अपनी सीमाओं पर आँख रखते हुए हमें यह अहसास हमेशा बना रहता है कि किसी भी कचरे से हम अपनी नजर को मैला न होने दें! अन्दर ही अन्दर खीज और झुँझलाहट से बड़ी कीमत अदा करनी पड़ती है। अपने निज के खाते से। अपनी दृष्टि में जो निर्मल-निर्मम है, उसे 'आप', मैं या 'तुम' के स्तर पर लाकर जो भी गँदला करे तो उस प्रदूषण को निकाल बाहर कर दो। आप उस आन्तरिक स्वच्छता और संयम को कैसे बरकरार रख पाएँगे जिसके बल पर भाव और विचार पकड़ में कुछ ही देर के लिए आते हैं? वे आपको ज्यादा वक्त नहीं देते। जय, आपने भी महसूस किया होगा कि कभी तरंगों से उभरते हैं कुछ विचार और आपकी लापरवाही या किसी व्यावहारिक हस्तक्षेप से किसी मामूली से साधारण गौण में तिरोहित हो जाते हैं। अपने को बचाना होता है इस हानि से। जाने तुम इसे कैसे देखते हो!

एकाएक लगा, हशमत बचकाना बातें कह रहे हैं। जयदेव सामाजिक व्यवहारों को हम कहीं बेहतर जानते हैं। कहा–

– जयदेव, यह मामूली टोटके हैं। हम सभी अपने-अपने ढंग से इन्हें इस्तेमाल करते हैं।

जयदेव के साथ-साथ सीढ़ियों से उतरे। पब्लिक एन्ट्री के सामने हम न जाने क्यों फिर रुक गए। कुछ ऐसे लगा, हमें कुछ और भी कहना है।

– जयदेव, मार्कर फिर खत्म होने को हैं। आपको फिर मँगवाने की तकलीफ देंगे।

जयदेव हँसे–मैं खुश हूँ कि आप कुछ काम पर तो हैं।

– एक छोटे उपन्यास का पहला ड्राफ्ट हो चुका है। दूसरे पर काम जारी है। और हशमत भी।

सुनकर जय खुश हुए। लगा, चेहरे की रौनक लौट आई।

– शहर से जो भी चाहिए हो, मुझे बताना न भूलें। मैं कल माल जा रहा हूँ। लिस्ट बना लीजिएगा, किसी को लेने भेज दूँगा।

हम देर तक जयदेव को उतराई से उतरते देखते रहे। सधी हुई पहाड़ी चाल।

[5]

इस बीच कुछ अच्छा हुआ ऐसा कि हम दोनों खुश हुए।

दूरदर्शन के लिए बनाई जा रही फिल्म में प्रयाग शुक्ल हशमत को इंटरव्यू करनेवाले थे। टीम शिमला पहुँची तो प्रयाग साथ नहीं थे। हशमत के लिए उनकी अनुपस्थिति किसी संकट से कम नहीं थी। उनको लेकर उम्मीद यह थी कि प्रयाग की सहज-सुथरी शैली से हम कुछ कहने का आत्मविश्वास जुटा सकेंगे। संस्थान में नजर दौड़ाई। कोई करें या न करें की सोच में, कोई करना चाहते हुए भी न कर सकने की मजबूरी में! आखिर कान्ता पंत ने जयदेव से प्रार्थना की। वह बहुत उत्सुक नहीं दिखे। फिर दूरदर्शन के आग्रह पर अपनी स्वीकृति दे दी।

कैमरे के सामने हम दोनों ही अपनी-अपनी झिझक को लेकर आश्वस्त नहीं थे। धूप से उजली रौशन स्टडी को छोड़कर जब कान्ता पन्त ने हमें बाहर लॉन में बैठने की पेशकश की तो हम दोनों खामोशी से एक-दूसरे तक पहुँचाते रहे कि खुले में आवाज बिखर जाएगी। सैलानियों का शोर होगा और शायद धूप की चौंध में आँखों को भी परेशानी हो। खासा अटपटा लगा। खीज हुई, फिर शुरू होते ही सब सहज हो गया।

जय, तुम्हारी ओर से मुझ पर कोई दबाव नहीं था। और, अपनी ओर से किसी प्रभावी जटिलता का आग्रह भी नहीं था। क्योंकि तुम्हारी आलोचकीय दृष्टि में विश्वास था। फिर भी चिन्ता की वजह एक और भी थी कि कैमरे के सामने हम दोनों नौसिखिए थे और एक-दूसरे के रुआब तले नहीं थे।

जय वक्त, तिथि, स्थान और समय को लेकर वह दुपहर आज भी जेहन में अंकित है।

राष्ट्रपति निवास की ऐतिहासिक इमारत के सामने बिछा लॉन और हम दो नए-पुराने वक्तों के दो चेहरे—दो रंग। तुम्हारी ओर से तुमने हशमत को पूरी छूट दी कि वह कह सके जो हशमत कहना चाहते हैं, जो कहने की रचनात्मक क्षमता रखते हैं। यह नहीं कि प्रश्नों के बहाने ऐसा घेराव हो कि हम खुद भी अपने तक न पहुँच सकें।

याद आ रहा है तुम्हारा वह प्रश्न जिसका जवाब देने में हमें अपने स्वभाव की ही परिक्रमा करनी थी।

– आपको गुस्सा क्यों आता है?

इत्तफाक ही था कि वह प्रश्न और उसका उत्तर दोनों इस प्रोग्राम के बाहर रह गए। सम्पादन!

कुल मिलाकर वह दुपहर ठीक से गुजर गई, क्योंकि हम दोनों एक-दूसरे के आत्मविश्वास को जगा रहे थे। एक-दूसरे का मुंडन नहीं कर रहे थे।

तुम हँस रहे हो जयदेव! तुम कभी-कभार ही हँसते थे।

कैमरे की आँख से बेखबर वह हरी-भरी धुपैली दुपहर हशमत के जेहन में अंकित है हमेशा के लिए। जब तक स्मृति में उसे लौटा सकें।

लगभग वर्ष-भर के बाद जब हम लोग लाउंज में फिल्म देखने बैठे तो तुम मौजूद थे।

हम दोनों के संवाद से जो उभरकर आया, वह इतना-भर था कि हशमत दुनिया को कौतूहल से देखते हैं।

विश्वास करो जय, तुम्हारी मदद न होती तो हम ठीक से जवाब न दे पाते! हम दोनों ही किसी दूसरे की दौड़ नहीं दौड़ रहे थे। दुविधा या अनिश्चय से दूर तुम अपने प्रश्नों के गहरे हिमायती।

जयदेव, तुम अनमने से मुझे चुपचाप देखते रहे थे, फिर झिझक और संकोच से पूछा—

– क्या यह सब कुछ आप मेरी जिज्ञासा के उत्तर में कह रहे थे? कहीं गुस्ताखी तो न हो गई है?

हशमत ने जयदेव के स्वभाव की चुपीली अदाओं का मजा लिया।

– नहीं, इसका सम्बन्ध आपसे नहीं, हमसे है। बड़बोलापन। अलग-अलग टुकड़ों को जोड़कर दरअसल हशमत अपने को आश्वस्त कर रहे थे।

– इसका कोई कारण भी तो होगा!

हम गम्भीर हो गए।

– हाँ, है। तुम्हारी निगाह की ठंडी बेचैनी। जयदेव, तुम परेशान इसलिए नहीं हो कि तुम्हारे प्रश्न अच्छे नहीं थे–बल्कि इसलिए कि उत्तर में हम सिर्फ तस्वीरें जुटा रहे थे। वह भी आपके प्रश्नों के सहारे। कामचलाऊ वृत्तान्त और संवाद में काश, हम दोनों मिलकर कुछ नया अर्थ या आयाम जोड़ सकते!

– आप सख्त इम्तिहान ले रहे हैं।

– जय, तुम आदतन बहुत कुछ कहने से कतराते रहे हो। ऐसा भी लगता रहा कि क्योंकि तुम बोलने के नहीं–काम करने और कम कहने के आदी थे। इस तुलना में हम जैसे ज्यादा कहते चले जाने के दोषी भी कहे जा सकते हैं।

महाश्वेता के लेखक और लेखन को लेकर तुम्हारे कुछ ही फिकरे उस गहरी समझ और प्रतिबद्धता के संकेत देते रहे जो तुम-सा व्यक्तित्व अपने में जगाए रहता है। तुम कैसे महाश्वेता के आदिवासी मेले में गए और लौटने में क्या-क्या मुश्किलें पेश आईं, कैसे स्टेशन मास्टर ने मदद की–तुम मात्र उन घटनाओं को नहीं, उन गहरी मानवीय आस्थाओं को प्रकट करते रहे थे, जो तुम्हारी सोच का मुख्यतम हिस्सा थीं।

जयदेव, हमारे दरमियान तकरारें भी कम नहीं हुईं। कहना होगा कि वह इकतरफा ही रहीं। तर्क-असहमति-वाद-विवाद-विरोध-नाइत्तफाकी कुछ कारगर नहीं हो सकता, अगर भिड़ंत दोनों तरफ से न हो। तुम बहुत कुछ को पी जाने और अपने दिल में रखने के माहिर और हम जैसे बड़बोल। लगातार महसूस होता रहा कि जितना कुछ तुम अपने अन्दर रखते हो, उसका खामियाजा भी तुम्हें खुद ही उठाना पड़ता है।

शायद हम गलत कह रहे हैं। तुम्हारे चले जाने के हादसे को भूलने की कोशिश भर है यहाँ पर। इस वक्त इन पन्नों पर तुम्हें सम्बोधित करते हुए पहले से बेहतर महसूस कर रहे हैं। यह समझकर कि तुम चले गए हो, फिर भी तुम हमारे इस टोले

में मौजूद हो। हमारे खयालों की दुनिया में। जब तक भी दुनिया का यह टुकड़ा धड़कता रहे।

[6]

'जिन्दगीनामा' के अंग्रेजी अनुवाद के बारे में हम लोग कैफे में मिल रहे थे।

तीसरी मंजिल पर स्टडी की खिड़की से देखा, ग्रास कॉटेज पार कर जयदेव कैफे की चढ़ाई चढ़ रहे हैं। चढ़ाई चढ़ने और उतरने में जय की चाल में कोई फर्क नहीं पड़ता। फुर्तीले कदम और कन्धे पर वही झोला।

हशमत लिफ्ट में नीचे उतर गए।

बाहर धूप में कुर्सियाँ खींचकर बैठे तो आँखों ने सामने बिछी घाटी फलाँगी और जतोग की लाल छतों को पुतलियों में घेर लिया।

ऑर्डर किया। एक चाय। एक कॉफी।

जय ने इधर-उधर देखा–हर रोज कैफे में घूमती पालतू बिल्ली नहीं दिख रही।

वेटर साहिब प्याले लेकर आए तो पूछा–आज बिल्ली मौसी नहीं दिख रही!

– वह देखिए कोने में रूठकर बैठी है। साहिब, सुबह कैफे के लिए दूध भगोने में डाला। अभी गैस पर न रखा था कि आधे से ज्यादा पी गई।

हम हँसे।

– इसका दाँव लग गया।

– साहिब, कभी नहीं पीती। नाश्ते का इन्तजार करती है। आज जाने क्या हुआ! डाँट पड़ी तो गुस्सा हो बैठी है।

जयदेव कुर्सी से उठे। बिल्ली मौसी के सिर पर हाथ फेरा। पुचकारा। कटोरी में दूध मँगवाया। लो पीओ–शाबाश, इतना गुस्सा नहीं करते। मौसी उसी तरह सिर डाले बैठी रही। आँख तक न उठाई।

– साहिब, यह गुस्सा मना रही है। नाश्ता रखा था इसके सामने, वह भी नहीं खाया।

— मालूम नहीं, दूध पीने का पछतावा है कि डाँट पड़ने की रुसवाई! लगता है, भूख-हड़ताल कर दी है।

— लीडर बनने का प्रोग्राम लगता है।

जय ने हमसे पूछा—आपने एक्सटेंशन प्रोग्राम में आने को क्यों मना कर दिया? मैं तो छुट्टी पर हूँ। किसी ने बताया तो जाना।

— जयदेव, इसकी वजह इतनी ही थी कि आप आज शाम कहें कि कल लैक्चर के लिए आइए तो आपके खयाल में इसका जवाब क्या होता? यही न कि नहीं आ सकेंगे। उनसे यही कहा कि तैयारी के लिए कुछ वक्त देना चाहिए।

जवाब में आयोजक कहने लगे—आप कुछ न भी बोलें तो भी चलेगा।

आपको लोग देख तो लेंगे।

हमें, दुःख है, आप अपने प्रोग्राम और वक्ताओं दोनों को बड़े भोलेपन से देखने के आदी हैं। हम न आ सकेंगे।

जयदेव कुछ बोले नहीं।

— हमें कोफ्त हुई।

— क्या कुछ गलत हुआ?

— नहीं, पर कुछ ठीक भी नहीं हुआ।

— आप पिछले महीने आर्मी हेडक्वार्टर में गए थे न।

— अच्छा रहा। उन्होंने ढंग से बुलाया था। 'जिन्दगीनामा' से पाठ किया।

— पहले परिचय दिया, फिर रेजिमेंट्स के विभिन्न टुकड़े पेश किए।

— जयदेव, व्यक्तिगत रूप से हमारे लिए यह बहुत कीमती था। आर्मी हेडक्वार्टर बिल्डिंग के लम्बे बरामदे हमें हमारे बचपन की याद दिला रहे थे। सीजन में एक बार हमें दादा साहिब की ओर से 'ट्रीट' मिला करती थी। हमारी सेनाओं के रेजिमेंटल इतिहास बहुत दिलचस्प हैं। कश्मीर हाउस की डिफेन्स लायब्रेरी में काम कर चुके हैं। 'जिन्दगीनामा' में फौजियों के प्रसंग उन्हीं की भाषा में लिखना हमारे लिए चैलेन्ज था। फिर महायुद्ध के समय भरती पर अलग-अलग रेजिमेंटों के सिर के साफों का बयान। हम इस सबको शहराती जबान में, मुहावरे में प्रस्तुत करते तो गलती करते। 'जिन्दगीनामा' के पाठ का पूरा मिजाज और उसकी भाषा किसानी खुरदरापन लिये

है! इसके पंजाब में स्थित होने के बावजूद गुरुदयाल सिंह साहिब को कम मुश्किल नहीं पड़ी।

जयदेव बोले–

– इसका अंग्रेजी में अनुवाद करने की इच्छा है। मुश्किल होगा, पर कर सकूँगा।

– हम एक-दूसरे को अविश्वास से देख रहे थे।

– इसका पूरा ध्वनि-संसार किसी भी अनुवादक के लिए चुनौती है।

– समरहिल में 'सिक्का बदल गया' का अनुवाद आपको कैसा लगा?

– अनुवाद आसान नहीं था, पर आपने कर दिया। शुक्रिया।

– पंकज द्वारा की गई इन्टरव्यू कैसी लगी आपको?

– अच्छी है।

– बेहतर हो सकती थी। दोनों ओर वक्त का होना और कम होना भी इसकी क्वालिटी को तय करते हैं।

लगा, जयदेव कहीं और खोए हैं। गम्भीर।

वही तनाव।

जय, किसी जाहिरा होड़ में नहीं लेकिन निरन्तर बने रहनेवाला यह कैसा दबाव था–जल्दबाजी आने की, जाने की! काम की!

– जयदेव, 'समरहिल' की इन्टरव्यू पर एक प्रतिक्रिया जरूर आपसे बाँटनी होगी।

नाश्ते पर निर्मलांशु साहिब बोले–आपकी इन्टरव्यू देखी।

लम्बी खामोशी, इतनी लम्बी कि हमें परेशानी हुई।

इन्तजार।

प्लेट का आमलेट खत्म हो गया।

प्लेट उठा ली गई।

नारंगी छील ली गई।

वह भी खत्म हो गई।

कुर्सी से उठते-उठते गहरी सोच की मुद्रा में कहा–अच्छा होता अगर कोई महिला आपका इंटरव्यू करती।

उनके चेहरे पर की गम्भीरता देखा किए। फिर कहकहा लगाया और छेड़खानी के अन्दाज में कहा–

– जनाब आपको मालूम हो कि पंकज सिंह पुरुष नहीं, स्त्री है। और हशमत भी स्त्री नहीं, अपुरुष हैं।

वह पल-भर को कुछ हतप्रभ-से हुए, फिर युगों की पुरुषोचित विचारक मुद्रा को चेहरे पर बिछाए-बिछाए कुर्सी से उठ गए।

जयदेव, हमने उस सुबह अपने को दलित महसूस किया। फिर जाने कैसे अपने को दिलासा दिया कि इन मुद्राओं और भंगिमाओं को झेलने के लिए हमें सफर लम्बा करना होगा। लिंग-भेद को पाटने के लिए नई भाषा का आविष्कार करना होगा। इसीलिए अपने वजूद में हशमत की हाजरी।

जयदेव पहले गम्भीर हुए, फिर हँसे। ऐसी बहुत-सी घटनाएँ आपने इकट्ठा कर रखी होंगी।

– नहीं ऐसी बातों की सूची से इस समस्या का कोई हल नहीं होगा। अभी कड़वे घूँट पीने पड़ेंगे।

जय व्यंग्य से मुस्कराए–क्या बुद्धिजीवी समाज में ऐसी रुकावटों को निकालने के लिए अगले दस बरस काफी होंगे?

– नहीं, कम-से-कम अगली शती के पच्चीस बरस!–एक और पहलू मरदाना जो हमारे निकट गम्भीर मसला है, वह अब भी तमाशे की तरह देखा जा रहा है। नहीं, जयदेव, यह तर्क के लिए भी नहीं चलेगा।

इसका जवाब हाँ और ना दोनों। जयदेव सहज दीखनेवाले लेखन-अभ्यास पर कुछ कह रहे हैं। हम अपने को लिखने के आतंक से कैसे बाहर रखते हैं!

हमें लगा, हमारे साथ हमदर्दी की जा रही है।

जय को बाकायदा काटने के लिए कहा–अपने एक हिस्से को उन्मुक्त खुला छोड़ना होता है और दूसरे को संयम से कसना होता है। हशमत अच्छे से जानते हैं अपने को ढँकने से आप पर वह सब हावी हो जाता है, जिससे आप छुटकारा पाना चाहते हैं। हवा के लिए उस छोटे-से झरोखे को खुला रखना होता है जहाँ से हवा का संचार होता रहे।

जयदेव कुछ गम्भीरता से, कुछ बचाव से देखते रहे। फिर कहा–क्या यह

जरूरत सिर्फ स्त्री लेखक की है?

– कुछ सख़्त कहा जाए तो वह आपको अच्छा न लगेगा–

हम लोग कैफे से उठे और घर जा बैठे। जय ने जैसे अपने से ही कहा है–मैं कुछ ज्यादा ही कह गया।

– एक ताजा चाय और हो जाए।

– आप नहीं, ताजा चाय लेकर मैं आता हूँ।

डाइनिंग टेबल पर रखे थैले में से जय ने सरोज के बनाए ताजे गुलाब-जामुन बाउल में रखे और चाय के साथ ले आए।

भारतीय जिह्वा का स्वाद–मिठाई देखते ही बैकुंठ धाम। मीठा-मीठा चखते रहो–मीठा-मीठा खाते रहो और तीते-नमकीन मुद्दों से अपने को बचाते रहो।

कौन नहीं जानता कि पीढ़ियों के दरमियान बिछी दूरियाँ और फासले अबूर कर मित्रताएँ कायम रखना आसान काम नहीं। अपने-अपने धंधे और पंक्ति की खूबियाँ और खामियाँ, एक-दूसरे की विशेषताएँ और व्याधियाँ, दोनों ओर हावी सामाजिक संघर्षों की तल्खियाँ किन्हीं भी मैत्री सम्बन्धों को या तो अपने मतलब के लिए बीन लेती हैं या धीरे-धीरे उन्हें कुतर देती हैं।

मित्रों का चुनाव एक पेचीदा और उलझा हुआ दर्शन है। सोच-विचारकर सम्पादित-संकलित मित्र चयन। मैं तुम्हें उभार दूँ–तुम मुझे बघार दो। मेरी सुगन्धि महके और तुम्हारी महिमा लहके। दोनों पहियों की गाड़ी पटरी पर दौड़ रही है। एक-दूसरे में कुछ सुन्दर-सुहावना खोज निकालने का तो वक्त ही कहाँ है! न पहले-सा रोमांस और न दोस्ती की फंतासी! सामाजिक गलियारों से उभरते कामकाजी व्यावहारिक गुण अपने-अपने बचाव के लिए जो न कर गुजरें।

अमैत्री के इस संक्रमण काल में दोस्ती-मित्रता अब हर दिन खतरों में। आज है तो कल नहीं। सुबह है तो शाम नहीं। विरोधी खेमों की टेलीफोनें क्रॉस कर रही हैं। बेहद कोमल मुलायम औजारों से एक को दूसरे के खिलाफ भड़काया जा रहा है। कौन किस पर नजर रखे हैं, यह सब किसी को मालूम है और जाहिरा तौर पर

हमसे बेखबर है। शिष्टाचारी खेल की लुकी-छिपी रणनीतियाँ। मैत्री और दुश्मनी अब दोनों सामाजिक धन्धे हैं। तेजी से उभरनेवाले ग्राफ। इन्हें हर दिन अंकित करते मित्रता के रखवाले शातिर मित्र। इसे टोक दो। इसे हाँक दो। इसको आँख दिखा दो। उसको गले लगा दो। इसकी फाइल खोल दो। जयदेव, शुक्र है खुदा का यह सोचकर कि हमारी मित्रता का मुबारक ब्यौरा इन चुस्त-दुरुस्त दायरों के तो बाहर ही खड़ा रहा। एक अच्छे दोस्त की तरह आप जैसे दानिशमन्द प्राचीन की सुविधा और साहित्यिक छवि की सुरक्षा को लेकर चिन्तित होते रहते।

साहित्यिक छवि।

शहर की साहित्यिक सभाओं के तजकिरे हमने एक-दूसरे के सामने कभी नहीं किए। शिमला निवासी जयदेव कुछ झुँझलाते, फिर कुछ कहते-कहते रुक जाते। हम दोनों वर्तमान स्थितियों को, हालात को अपने-अपने ही ढंग से पढ़ते। हशमत दिल्ली वालों की निगाह से और जयदेव ठेठ शिमलाई संवेदना से। हम दोनों पहचानते थे उस विपरीत को, जो अपने-अपने खेल के मैदान में खेला जाता है। कभी पिट जाता है और कभी पीट दिया जाता है।

हमने बहाने से एक दिन कहा—जयदेव, अब साहित्यिक निमन्त्रण भी टैक्सी मीटर से जुड़े हैं। अगर पार्टी ने टैक्सी एंगेज कर रखी है तो चलेगी, नहीं तो जहाँ खड़ी है, खड़ी रहेगी।

अनचाहे गलत लोगों को समारोह सम्पन्न हो जाने के बाद निमन्त्रण पोस्ट किए जाते हैं। जयदेव, दिल्लीवालों की जिस दिल्लीबाजी की उस दिन बात हो रही थी—वैसे खेल तो अब सब जगह चालू हैं। दिल्लीबाजी, शिमलाबाजी, लखनऊबाजी और न जाने क्या-क्या! हम और आप भला कहाँ अनजान हैं इन बारीक बौद्धिक हथकंडों से और हार-जीत की बाजियों से!

[7]

जय बोले—संगोष्ठी में दोनों, के. बी. और चम्पा सहभागिता कर सके—इसे लेकर हम खुश थे। आलोचकीय ऊष्मा को अपने में जज्ब कर रहे थे।

गोष्टी के बाद लंच के बाद एकाएक जयदेव आप कहीं गुम हो गए। कुछ

गलती तो नहीं हो गई! जयदेव की संकोची तुनकमिजाजी से हम सभी वाकिफ रहे हैं!

वह लौटे तो चेहरा दमक रहा था। वह सिगरेट की दौड़धूप में थे। जयदेव की प्रस्तुति खासी अच्छी रही थी। कार्यक्रम में गुणा हुई थी और श्रोताओं में सन्तुष्टि का संचार।

अब जय किसी सेमिनार के लिए विदेश जाने की तैयारी में थे। पासपोर्ट पेपर सब सुभीते से मिल चुके हैं। अब मुख़्तसर-सी तैयारी ही बाकी है।

के.बी. और चम्पा कुछ दिन शिमला बिताकर दिल्ली लौट रहे थे तो उन्हें छोड़ने हशमत स्टेशन पर पहुँचे थे। प्लेटफार्म की जगह हमने समरहिल का टिकट ले लिया था।

के.बी. बोले—गाड़ी के चलने का वक्त हो गया। अब आप गाड़ी से उतरिए।

– दिल्ली जा रहे हैं हम भी। रिजर्वेशन है।

– और सामान?

– दिल्ली वाले घर से जरूरत पूरी हो जाएगी।

हम हँसते रहे। एक-दूसरे पर कसते रहे। समरहिल पर गाड़ी रुकी। हमने के.बी. और चम्पा से बिदा ली और नीचे उतरने को हुए कि देखा सामने जयदेव खड़े हैं।

– जयदेव, आप!

– जी हाँ, मैं ही।

जयदेव डिब्बे में चढ़े। पहले के.बी. के पाँव छुए। के.बी. ने बड़े भाई की तरह बाँह से घेर लिया।

के.बी. हँसे। चम्पा के पाँव मत छूना जयदेव, वह नाराज हो जाएगी। अपने को तुमसे बहुत छोटी समझती है।

हशमत और जय ने हाथ हिला बिदा दी और जयदेव के घर की ओर चल पड़े।

फिर चाय—काँच पे से झाँकता लहकता सूर्यास्त। फिर वही लम्बी सड़क से घर को लौटना।

तैयारी।

जयदेव, दिल्ली में इन्द्रदेव के घर पर तुम्हारी इतनी अच्छी देख-रेख होने के बावजूद, धीरज, तसल्ली उम्मीदें सब बेकार लगती थीं।

ऐसी छटपटाहट होती कि गुजरे हुए बरसों को तुम्हारे आगे बिछा दें, ताकि तुम कुछ देर तो और उन पर चल सको।

पर...

[8]

जयदेव उस शाम आकाश निर्मल था। निथरा हुआ। इतना शुभ्र धुला हुआ कि सागर की झलक दे। हम तुम्हारे टैरेस पर से सूर्यास्त देख रहे थे। रंगों की निराली छिड़कन। घाटी पर छाई ढलते सूरज की लालिमा पहाड़ी वैभव में छितरी हुई। स्टेशन की ओर लगे जँगले के साथ-साथ पड़े गमलों में इतराती नन्ही कतरीली पत्तियाँ। किसने इन नुकीली हरी-हरी आकृतियों को सँवारा होगा! आँखों के आगे कुछ ऐसा अपूर्व घट रहा था जो हम सबके होने से बड़ा था। भव्य था।

तुम अन्दर गए और कैमरा लेकर लौटे। इस शाम को उतार तुम इसे स्मृति की डिबिया में सँजो रहे थे। जाने क्यों यह गम्भीर क्षण हममें से हर किसी को चुपके से कह रहा हो कि ऐसी सँझीली सोंधी शामें हमेशा घटित नहीं होतीं। पर इस शाम को एक साथ निहारते हुए हम कभी स्मृति की चिलमन के बाहर, कभी अन्दर! आज बड़े विशाल लैंडस्केप में समरहिल का स्टेशन एक टिमका-भर है! सामने दीख रही है एक लम्बी सुरंग की गोलाई। मुख द्वार से दीखता उन सुरंगी अँधेरों का फैलाव जो सिर्फ सुरंग में स्थित है। जय, उस शाम तुम्हारे अतिथियों ने जो भी सोचा हो–यह आभास तो किसी को नहीं था कि जब हम दुबारा लौटकर शिमला जाएँगे तो तुम्हें वहाँ नहीं पाएँगे।

पर जयदेव, सच मानो लगता है, तुम कहीं गए नहीं हो।

तुम हो क्योंकि हशमत तुम्हीं से बात कर रहे हैं। बहुत कम अरसे में, अपने दूर-पास के सीमित कोणों में से जितना-भर तुम्हें देखा–उसे ही दोहराने की यह कोशिश-भर रही।

कभी-न-कभी अन्तरिक्ष से ऐसी कोई स्पेस सर्विस जरूर चालू होगी जिसके द्वारा गए हुओं को लिखित पहुँच सकेंगे।

जय, हमारी डायरी में दर्ज तुम्हारा फोन नम्बर झाँक रहा है। तुम अपनी जगह मौजूद रहोगे। नम्बर मिलाने पर तुम नहीं, सरोज बोलेंगी या अनु या अतुल! उनकी आवाजों में घुली-मिली आवाज कुछ-कुछ तुम्हारी भी होगी ही।

सुनो तुम कहीं गुम नहीं हुए–जय!

हम हशमत

निर्मल वर्मा

ओझल नहीं

दोस्तो,

शब्द और स्मृति के सहारे हम नश्वर अपनी नियति को स्वीकार करते हुए अनश्वरता को चुनौती दिया करते हैं। आज की-सी सजग और बौद्धिक रूप से उत्तेजित करती शामों में ओझल हुए साथियों को लौटा लौटा लाते हैं। उनकी लिखी कृतियों की पंक्तियाँ हमारे दिलों में धड़कने लगती हैं। हवा में तैरने लगती हैं।

आज की शाम निर्मल की गहन गूँथ वाली रचनात्मकता को समर्पित है। निर्मल जैसे लेखक के 'आत्मसत्य' की खोज के लिए हम कृतज्ञ हैं, उनके दोस्तों और निकटतम गगन और उनके पाठकों के प्रति जो उन्हें लगातार पढ़ते रहेंगे।

दोस्तो हम आभारी हैं, नामवरजी के जिन्होंने अपनी सर्जनात्मक आलोचकीय दृष्टि से आलोचना की सैद्धान्तिक अवधारणाओं को भी निर्मल के गद्य की तरह सहज-सरल बना दिया। सहज दिखनेवाली भाषा के गहन परिष्कार को कुछ ऐसे निथारा कि रचनाशीलता के नए आयाम खुले। आन्तरिक जटिलताओं को खोलता हुआ विलक्षण मर्म निर्मल के आन्तरिक आवेग और उसके आसपास पसरी उदासीनता को शब्द देता है।

दिन और रात

''कित्ता पानी। कित्ता!

हाथ फैल जाते हैं और नन्हे से आलिंगन में समूचा अन्तहीन समुद्र सिमट जाता है।

मुद्दत पहले घर की छत पर मछलियों का खेल खेलते हुए कभी सोचा था कि एक दिन सचमुच लहरें हमारे सिर पर से गुजर जाएँगी और हम जो अब बड़े हो गए हैं बच्चों से डरते-ठिठुरते हुए डेक पर बैठे रहेंगे या लेटे रहेंगे। कम्बलों में सिकुड़े हम बंडलों से, लंच की घंटी बजेगी तो भी और डिनर की पुकार होगी तो भी। बिना हिले-डुले, भूखे-प्यासे तपस्वियों से अधसोए अधजगे—

रात और दिन

दो दिन तक समुद्री पक्षी बराबर हमारे जहाज के पीछे उड़ते रहे, धूप और आँधी में दिन-रात।

जब जहाज के किचन से बावर्ची पुरानी, बासी रोटी के टुकड़े, फलों के छिलके या बची-खुची गोश्त की तरकारी बाहर फेंकता तो वे उतावले होकर टूट पड़ते। समुद्र में गोते लगाते हुए उन्हें निगल लेते और फिर उड़ने लगते। उस घड़ी की आशा में जब बारह या तेरह घंटे बाद बावर्ची फिर अपना सिर किचन की खिड़की से बाहर निकालेगा।

> किसने कहा था कभी समुद्री पक्षी के रोमेंटिक सौन्दर्य के बारे में! छह दिन का सागर पथ है।
>
> कोपनहेगन से आइसलैंड तक। हर दिन को गिनना पड़ता है। समय का हिसाब रखने के लिए और समय है जिसने अपने को दिन और रात के पहियों से मुक्त करके फैला दिया है। समुद्र की अबाध नीलिमा पर।
>
> लम्बे होते हुए दिन, सफेद रातों तले चीखती लहरें पानी के बीच धरती पाने को बिलखती प्यास–"

यह है निर्मल का गद्य–सहज, संक्षिप्त, सघन और अभिव्यक्ति की चौकसी में बुना हुआ।

पानी के बीच धरती पाने को बिलखती प्यास–

उनके गद्य में प्यास का आभास न होते हुए भी प्यास ही प्यास है। मगर वह उन्माद से रहित है।

भारतीय मन की अन्तर्निहित उदारता, उदासीनता या भक्ति का उछाल जो सूफी कलाम में भी अभिव्यक्त होता है, यह गूँथ उससे दूर विलग जा पड़ती है।

पंक्तियों में सिमटी प्रकृति की नैसर्गिक तन्मयता निर्मल को समाज के शोर और यथार्थ से दूर ले जाती है। उनके टैक्स्ट में आप खुले में बैठते हैं। वहाँ पहाड़ है, धूप हैं, हवाएँ हैं। चमकीली उदासी है और अकेलापन है। इस संवेदन की बुनत देसी वैराग्य से अलग एक नया स्वरूप ग्रहण करती है। काल्पनिक और समय के वास्तविक प्रकरणों की जटिल बारीकियों में मुखरित होती है।

> "मैं अक्सर सोचता हूँ कि ये शहर कितने दुर्भाग हैं जिनके अपने कोई खँडहर नहीं हैं। उनमें रहना उतना ही भयानक अनुभव हो सकता है जैसे किसी ऐसे व्यक्ति से मिलना जो स्मृति खो चुका है–जिसका कोई अतीत नहीं। अगर मुझसे कोई नरक की परिभाषा पूछे तो वह है–हमेशा वर्तमान में रहना। एक अन्तहीन रोशनी जहाँ कोई छाया नहीं–जहाँ आदमी हमेशा आँखें खोले रखता है। नींद, स्वप्न और अँधेरे को भूलकर। जहाँ वर्तमान शाश्वत है, वहाँ वर्तमान भी अपना मूल्य खो देता है क्योंकि जो चीज

'शाश्वत' को आयाम देती है—वह है 'समय'। समय खुद कोई मूल्य नहीं रखता। क्या सचमुच!

इसलिए जब वर्तमान का बोझ हो जाता है, मैं अपना घर छोड़कर शहर के दूसरे घरों में चला जाता हूँ। जहाँ अब कोई लोग नहीं रहते। सदियों पुराने मकबरे, जहाँ अँधेरा होते ही चिमगादड़ उड़ते हैं। ये हमारे शहर के खँडहर हैं। शहर की स्मृतियाँ और स्वप्न। दिल्ली में इन इमारतों की कोई कमी नहीं। वे हर जगह बिखरी हैं। सिर्फ आध घंटे में मैं एक दुनिया को छोड़कर दूसरी दुनिया में जा सकता हूँ। एक समय से उठकर दूसरे समय में प्रवेश कर लेता हूँ, बिना कोई टिकट खरीदे, बिना क्यू में खड़े हुए। यहाँ न पत्थर रास्ता रोकते हैं, न मृतात्माएँ धक्का देती हैं।''

दूसरी दुनिया से

इतिहास और संस्कृति पर निर्मल ने कहा—

> ''एक संस्कृति के क्या स्वप्न हैं यह बहुत हद तक उसकी स्मृतियाँ निर्धारित करती हैं। शब्द में यदि स्वप्न का संकेत है तो उस स्मृति की छाया भी। इसलिए कोई भी भाषा जब तक वह है कभी मृत भाषा नहीं होती। यदि हमारे अतीत का सबकुछ मर-मिट जाए तो भी भाषा बचती है जिसके द्वारा एक समाज के सदस्य आपस में संवाद कर पाते हैं तो वर्तमान में रहते हुए भी वे अवचेतन रूप में अपने अतीत से जुड़े रहते हैं और अतीत अदृश्य रूप से उनके वर्तमान में प्रवाहित होता रहता है। भाषा सम्प्रेषण का माध्यम होने के साथ-साथ संस्कृति की वाहक भी होती है। किसी देश की संस्कृति ऐतिहासिक झंझावातों द्वारा क्षत-विक्षत भले ही हो जाए, उसका सत्य और सातत्य उसकी भाषा में बचा रहता है।''

दोस्तो, इन पंक्तियों में जितनी गहरी समझदारी है उतना ही पूर्वग्रह का भोलापन भी। कोई भी भाषा दर्शन-चिन्तन, विचार-विमर्श और साहित्य-सर्जन से बनती निखरती है—वह ऐतिहासिक टकराहटों से भी बड़ा और नया स्वरूप ग्रहण

करती है, समय के साथ बदलते सभ्याचार और संवेदन के अनुरूप भाषायी शक्ति भी देती है।

इसी अध्याय से जुड़े हैं पूर्व और पश्चिम की सभ्यताओं के द्वन्द्व जिन्हें निर्मल गहरे आग्रह से रेखांकित करते हैं। यह निर्मल के लेखक की वैचारिक चिन्ता थी कि समय विशेष का दबाव था—नहीं कहा जा सकता।

और आज बहुलता के विकसित विचारवाली भारतीय सोच और जीवन-शैली इस संकीर्ण गलियारे से राजनीति की किस तानाशाही प्रणाली में साँस लेगी—भारतीय मन और भारतीय समाज इससे अनभिज्ञ नहीं था। और न है। सभ्यता-संस्कृति के पूर्व और पश्चिमी अनुशीलन में ही वह इस ओर बढ़े होंगे। जटिलताओं को अनदेखा करके ही ऐसा किया जा सकता है।

जाति, धर्म, भाषा, राष्ट्रीयता और नस्ल जैसे मसलों को लेकर उनका विश्लेषण और निष्कर्ष इतिहास से कहीं आगे धर्म, मिथकों और सांस्कृतिक अन्तर्सम्बन्धों से बँधा है। हमारे कथा-आख्यान, पुराण परम्पराएँ सभी मिलकर सांस्कृतिक परम्परा को जीवित रखते हैं। जनमानस को उनके भूगोल और इतिहास से जोड़े भी रखते हैं।

क्या निर्मल ऐतिहासिकता से त्रस्त थे?

दिलचस्प हैं अज्ञेय के सम्बन्ध में निर्मल के यह शब्द—

> "यह अज्ञेय के रोमांटिसिज्म की घोर सीमा है जहाँ वह मुड़कर अपनी रचनात्मक दुनिया पर आलोचनात्मक दृष्टि नहीं डाल पाते। खुद पर प्रश्नचिह्न नहीं लगाते। कौन-सा ऐसा लेखक है जो अपनी दुनिया खुद नहीं बनाता और मिटाता।"

अपने को बाहर रखकर निर्मल ही नहीं, इन सूक्तियों और युक्तियों के सहारे हर नई पीढ़ी पिछली पीढ़ी को उनकी कमियों की ओर इशारे करती चली जाती है। इसे हम आलोचना की सिरमौर श्रेणी में नहीं रखते। यह न किसी से विरोध है, न सामंजस्य। अपने-अपने समय को नया करने और समझने का प्रावधान है क्योंकि समय नित नया होता जाता है।

दरअसल अज्ञेय के सामने उभरनेवाली पीढ़ी का यह मानसिक समयावर्तन था। एक ओर अंग्रेजियत में रची वैचारिक संस्कृति और दूसरी ओर स्वाधीन देश के नाते देसी भाषा का आकर्षण–साम्राज्यवाद की विदाई के साथ ही देश की स्वाधीनता की अगुवाई भी।

सुविधा-सम्पन्न महत्वाकांक्षी नौकरशाह मध्यवर्ग स्वतन्त्रता-प्राप्ति के साथ ही अपनी सुरक्षित चौखट से बाहर हो रहा था और भारत का साधारण जनमानस दबाव बनाने पर था। नया मध्यवर्ग। लगभग एक ही वर्ग की नुमाइंदगी करते अज्ञेय और निर्मल के दरमियान जितनी समानता रही, समय की उतनी ही दूरी भी।

रचनात्मक स्तर पर अज्ञेय की बौद्धिक सम्पदा की विविधता अनुभवों से पुष्ट थी और निर्मल स्वतन्त्रता की क्रान्तिकारी घटना को नए-पुराने खाँचों में से देख रहे थे।

निर्मल के शब्दों में इस तेवर को देखिए–कभी हम सोचते हैं हम कहाँ होते हैं जब हम सोच रहे होते हैं। हम कह सकते हैं कि जो चुप्पी की जगह है, मौन का द्वीप है जिसके किनारे बहुत से खयाल, स्मृतिखंड, दिवास्वप्न बहते हुए आते हैं वे कहीं से भी आ सकते हैं–अतीत से जो अब भी बीता नहीं, जिए हुए समय से जो टुकड़ों में नहीं देख सकते। हम उन पर चिप्पी लगाकर यह भी नहीं कह सकते कि यह अन्तःस्थल के अँधेरे के बाहर निकला है।

बिना देसी अलंकरण, उपमाओं और उपादानों के सिरजित इस गद्य का संवेदन, शैली, कथ्य विदेश की खुली बौद्धिक आबोहवा में उभरा। ठीक वहाँ के लैंडस्केप की तरह। साफ और सुथरा।

वैचारिक स्तर पर निर्मल के गद्य ने हमारी भाषा को वह व्यक्ति दिया जो संयुक्त भारतीय परिवार के सदस्य के रूप में विलग हो अपना निज का समय स्थित करता है और अकेलेपन में ही उसे जीना चाहता है। अज्ञेय सिर्फ रचित में अकेलापन बुनते ही नहीं उसे स्वीकार करते हैं। निर्मल का व्यक्ति भीड़ को छोड़कर पूरे दृश्य को लोप कर अकेलेपन की स्थितियाँ बुनता है।

इन दो विरोधी दिशाओं से उस खुले एकान्त को बड़ी कुशलता से अंकित करता है जहाँ पहाड़ों और सागर का एकान्त है। हवाएँ हैं। आकाश का विस्तार है और हवा में तिरोहित होता वह व्यक्ति मन की गुपचुप आहटों का संसार है।

निर्मल मर्मज्ञता से इन आवाजों के मौन को फैलाते हैं—उनके सहारे अपना मन्थन करते हैं और लगभग आत्मकेन्द्रित हो जाते हैं।

राष्ट्र के विचार, दर्शन और सांस्कृतिक संवेदन की भावभूमि हमारी बौद्धिकता, आध्यात्मिकता और कलाओं को नित नए-नए और पुराने बदलावों के पैमानों से सरसाए रहती है। उन्हें हरी करती रहती है। बहुत कुछ पीछे छोड़ती है—बहुत कुछ नया जोड़ती है। सवाल इतना ही कि क्या अपने हजार वर्षों के इतिहास में संस्कृतियों के मिश्रण में हम किसी भी एक जाति के शुचिता के पवित्र मुखड़े की खोज करने में सफल होंगे।

इतिहास निरन्तर घटित होता चलता है। हालात बदलते हैं। परिवर्तित होते हैं। इतिहास को अनदेखा कर हम जिस भी समानता की ओर देख रहे हैं—क्या सचमुच उसे लौटा पाएँगे।

हमारे यहाँ बहुजातीय, बहु-धार्मिक विभिन्न समाजों और उनमें गुँथी नागरिक विभिन्नताओं, दूरियों और निकटता ने जिस भारतीय एकत्व को जन्म दिया उसने एक-दूसरे से बहुत कुछ सीखा, लिया, दिया—उस पर सांस्कृतिक विभाजन के नाम पर हल्ला बोलना हमारे संविधान को ललकारना है। संविधान का जीवन-तत्त्व हमारे राष्ट्र के हर नागरिक में भी धड़कता है। नागरिक समाज की कतर-ब्योंत करके उसे किसी भी राजनैतिक दल द्वारा गौरवशाली नहीं बनाया जा सकता।

विचारधाराओं की अपनी-अपनी अवधारणाएँ हैं मगर भारत जैसे लोकतन्त्र की राष्ट्रीय अस्मिता का अंग-भंग करना—वह भी विचार, दर्शन और चिन्तन के नाम पर किसी भी मानवीय व्यवस्था को नकारात्मक ढंग से विस्थापित और नष्ट कर सकता है।

पराजित जनमानस अगर आत्मनिर्वासन की स्थिति में जिया तो उसमें उस काल का अवसाद कैसे न झाँकता। क्यों न हम गौर करें कि दूसरों द्वारा शासित होने की परिस्थितियों में भी हमने अपनी अस्मिता बनाए रखी। देश के साहित्य और कलाओं ने भारतीय होने के आत्मविश्वास के साथ अपने को क्षीण होने नहीं दिया। शिल्प और कौशल से ऐसी सजीव और अनमोल कलाकृतियाँ प्रस्तुत कीं—भारतीय अभिव्यक्ति को चरम पर पहुँचाया।

शक्तिबल को छोड़कर निपट जनमानस की शिथिलताओं की ओर संकेत न कर मात्र अपनी संस्कृति का गौरव गान ही क्यों? तथाकथित संस्कृति की धारा

पराजय के साथ ही मलिन नहीं हुई। दूसरों के 'नए' के मिश्रण से नई होकर उभरी। बहुस्तरीय सामाजिक राष्ट्रीय परिवर्तनों से बहुत कुछ घटित होता है। होता रहा है। यह मिथक नहीं इतिहास है जिसे समय और जनमानस जीकर एक साथ अर्जित करते हैं।

बहुस्तरीय सामाजिक परिवर्तनों ने राजनीतिक स्वर में आज जिन असंख्य अस्मिताओं को उभार दिया है, वह राष्ट्र के सामने अपने-अपने धर्म, जातीय और सम्प्रदायों के सन्मुख मुख्य हैं कि गौण हैं—यह प्रश्न है। हम अपने को आश्वस्त करना चाहते हैं कि हमारी गौरवशाली सभ्यता और संस्कृति, परम्पराएँ लोकतान्त्रिक प्रणाली को, उसके घटित यथार्थ को अपदस्थ करने की सामर्थ्य नहीं रखती हैं?

किसी भी एक धर्म के सन्दर्भ में परम्परा की स्तुति के बिना क्या धर्म-निरपेक्षता का संचारण-पुनर्जागरण सम्भव है? नागरिक को स्वाधीनता-प्राप्ति के साठ बरसों के बाद इस देश की एक मूल्यवान परम्परा लोकतान्त्रिक मूल्य भी हैं। यह बात साफ हो कि लोकतन्त्र और लोकतान्त्रिक मूल्यों के प्रति अगर राजनैतिक खेमों की दिलचस्पी नहीं है तो नागरिक समाज की तो जरूर है। तर्क और प्रज्ञा से बौद्धिक समाज इतना तो समझने के काबिल है कि हिंसा, द्वेष और घृणा की अवधारणाएँ जनमानस के लिए आत्मघाती ही सिद्ध होती हैं।

क्या सचमुच साम्प्रदायिकता और राष्ट्र विकास के कार्यक्रम दोनों एक दूसरे के विरोधी पक्ष हैं।

वर्णवादी भाष्यों और विचारों को क्या राजनैतिक आन्दोलनों के रूप में सड़कों पर उतारा जाना चाहिए। राम जैसे मितभाषी मर्यादा पुरुषोत्तम की अर्जित ख्याति को सड़कों पर उतारना उनके अतुल्य स्वरूप का हनन है। भारत की विविधता और एकत्व को खंडित कर सकने का राजनीतिक प्रदर्शन क्या सचमुच बहुसंख्यक के हित में है।

दोस्तो, निर्मल के सांस्कृतिक संकेतों से उनके बहुत से मित्रों को परेशानी हुई थी। वैसे हम सभी अपने-अपने विश्वासों और सरोकारों के साथ लेखन का धर्म-कर्म निभाते हैं—कोई भी किसी पर एतराज नहीं कर सकता। हाँ विवेक से बार-बार उसकी जाँच जरूर कर सकता है।

यहाँ सिर्फ इतिहास और संस्कृति के सन्दर्भ में अपने लेखक-नागरिक का विचार प्रकट किया जा रहा है।

निर्मल ने यह चिन्ता भी प्रकट की कि पिछले वर्षों में हमारे जीवन की नैतिक मर्यादाओं और चिन्तन, अध्ययन के शिक्षा स्रोतों पर जिस तरह अंग्रेजी भाषा का वर्चस्व बढ़ा है उससे हम मानसिक दासता के शिकार हुए हैं। अंग्रेजी के प्रभुत्व से किस तरह हमारे साहित्य की ऊर्जा नष्ट हुई, हम किस तरह से स्वतन्त्र होने के बाद भी आत्मनिर्वासन की स्थिति में जीने को अभिशप्त हुए–विस्मयकारी है कि निर्मल की आत्मनिर्वासन की कल्पना या हकीकत में निकासी या विभाजन के विभिन्न शेड मौजूद नहीं।

आत्म-निर्वासन

दोस्तो, अब विषयान्तर। कुछ ऐसा लग रहा है कि जैसे निर्मल यहीं बैठे हों और हम उन्हें उकसा रहे हैं कि दोस्त अगर कॉलोनियल वक्तों में अंग्रेजी न होती तो हिन्दी में निर्मल कहाँ से आते और हिन्दी संवेदन को भूमंडलीय क्योंकर बनाते। हिन्दी गद्य को इतना सोफिस्टीकेटेड भी क्योंकर तराशते।

इजाजत लेने से पहले राजधानी के नागरिकों को मुबारकबाद। नामवरजी ने दिल्ली की दो सदियों के दो बेजोड़ लेखकों को एक लड़ी में पिरो दिया है। मगर दोनों एक दूसरे से कितने अलग और कहीं पर एक जैसे भी।

ग़ालिब की शायरी में खुशी और गम को अलग कर सकना मुश्किल है। शौक, तमन्ना, आरजू, ख्वाहिश ग़ालिब के प्रिय शब्द गहराइयों में उसकी रूह को तरल करते हैं।

निर्मल एकान्त को धीमे-धीमे सघन और संयमित शब्द के साथ अपनी आत्मा के लिए विलक्षण दृश्य अंकित करते हैं।

पंक्तियों में सिमटी प्रकृति की नैसर्गिक तन्मयता निर्मल के लेखक को समाज के रूढ़ से विन्यस्त करती है। अलग रखती है। दूसरों से अलग मगर विचार और अभिव्यक्ति से प्रकृति के वैभव में लीन। एक लैंडस्केप की तरह जिसमें व्यक्ति के विचार और चिन्तन पक्ष दोनों इकसार हो जाते हैं।

शायरी में मिर्ज़ा ग़ालिब और गद्य लेखन में निर्मल वर्मा। दोस्तो, हम नई पुरानी दिल्लीवाले विनम्रता से अपने अदीबों पर जाहिरा तौर पर गुमान नहीं किया करते। न ही दूर की हाँका करते हैं और न ही दूसरों पर फब्तियाँ कसा करते हैं।

खैर, आपसे इजाजत लेने से पहले लेखक मित्रों को खबरदार करनेवाले निर्मल के दानां शब्द आपसे बाँटने जा रहे हैं–

> "जब किसी साहित्य में सार्थक जीवन्त और संयत समीक्षा-पद्धति मुरझाने लगती है तो उसके साथ अनिवार्यतः एक परजीवी वर्ग एक साहित्यिक माफिया पनपने लगता है।
>
> एक तरफ भारतीय राजनीति की निर्मूल और मूल्यहीन सत्तावादिता जीवन के हर क्षेत्र को दूषित कर रही है। यह आश्चर्य की बात होती यदि साहित्य इससे अछूता रह जाता। समकालीन हिन्दी साहित्यकार संस्कृति से अपने को जोड़कर राजनीति में इस अनैतिक अनाधिकार हस्तक्षेप को रोक सकता था। इसके विपरीत हुआ यह कि स्वयं साहित्य संस्कृति से कटकर राजनीति के सत्तामत मनवादी दबाव के आगे घुटने टेकने लगा है।"

सावधान दोस्तो! हशमत का कहना इतना ही कि यह दलदल बहुत खतरनाक है।

वह सयासतदानों के लिए रिजर्व है–हम पाठक तो महज अपने नए-पुराने अदीबों का रुआब सँभाले रखते हैं।

शुक्रिया।

अशोक वाजपेयी

सजीली महफिल

दोस्तो

राजधानी की इस सजीली महफिल में मौजूद अपने सभी दोस्तों को तहेदिल से नए साल की मुबारकें। ढेर-सी शुभकामनाएँ चिर युवा नायक अशोक वाजपेयी साहिब को उनकी सालगिरह पर। चश्मेबद्दूर। उनके साथ-साथ उनकी नृत्यांगना महबूबा रश्मि को भी बधाइयाँ जिन्होंने मध्य प्रदेशी ललनाओं के खेल उम्र-भर के लिए बकाया कर दिए और वाजपेयी जैसे प्रबुद्ध खिलंदड़े लेखक पर अपनी कीमती मोहर जमा दी। रश्मि वाजपेयी के प्रति हिन्दी बिरादरी कृतज्ञ रहेगी कि अशोक के विशाल मित्र-एरीना को लेकर उन्होंने सार्वजनिक रूप से कभी किसी पर खुफियागिरी नहीं की। आए दिन होनेवाले संवाद, सार्वजनिक गोष्ठियाँ और समारोहों में कोई खुजलाहट, झुँझलाहट नहीं बिखेरी कि खबरदार मेरे मियाँ की ओर देखना मति! रश्मि साहिबा ने उन शोख साड़ियों को भी चुपके-चुपके नहीं घूरा जो अशोक की खिलखिलाहट पर हवा में फरफराने लगती हैं। हम सभी लम्बे अरसे से उन तंगदिल लेखक-बीवियों को भी देखते रहे हैं जो भरपूर साहित्यिक शामें मियाँ की हरकतों पर अपनी आँखों का तम्बू ताने रहती हैं। गम्भीर मंचीय साँचे में ढली रश्मि हर पहचान को अपने चुनाव पर ही कीमती मुस्कुराहट से नवाजती हैं।

प्रशासनीय बीवियों की नकचढ़ी भंगिमा की जगह पर साहित्यिक अदा ही चेहरे की लुनाई पर दमकती है। रश्मि साहिबा के साथ ही वाजपेयी के समकालीन दोस्तों और दुश्मनों को भी हमारी मुबारकें जिन्होंने जन्म लेने से पहले ही तहैया कर लिया कि वह भी इस जवाँमर्द अदीब से पीछे न रहेंगे और पैदा भी होंगे उसी हिन्दी पट्टी

के किसी शहर, कस्बे, गाँव या महानगर में और अशोक जैसे अहंकारी का डटकर मुकाबला करेंगे। यह मसला सिर्फ खुद का नहीं–विचारों और सिद्धान्तों का है। विचारधाराओं का है। हमारी इंसानी बिरादरी ने वाजपेयी के कलावादी बौद्धिक ताम-झाम के साथ ही उनकी पीठ नीचे न लगाई तो हमारा भी नाम प्रगतिवादी नहीं। दोस्तो, इस पर बहस-मुबाहसा बाद में–इस घड़ी तो हशमत इतना ही ऐलान कर सकते हैं कि वाजपेयी की हस्ती में लेखकीय शख्सियत और नौकरशाही अनुशासन–दोनों की खंडपीठ सही-सलामत हैं।

दोस्तो हम मानें न मानें, आज की तारीख में अशोक वाजपेयी भारतीय साहित्य-संस्कृति और ललित कलाओं के ग्रांड एम्बेस्डर हैं। देश-विदेश के बौद्धिक तरणतालों पर गम्भीर सराहना से सुने जाते हैं। कुछ ऐसे ज्यों वह भारतीय साहित्य और संस्कृति के राजदूत हों। अकारण नहीं कि नोबल सम्मान समारोह में अशोक वाजपेयी और रश्मि वाजपेयी माननीय अतिथि दर्शकों के रूप में आमन्त्रित किए गए। ऊर्जावान प्रतिभाशाली साहित्यिक व्यक्तित्व की संज्ञा उन्होंने अपने दोहरे अनुशासन के बीच एक साथ कार्यरत रहने से अर्जित की है। उनका सर्जनात्मक ग्राफ इसलिए ऊँचा नहीं कि वह एक सफल नौकरशाह हैं और उनकी प्रशासनीय निपुणता भी सिर्फ इसलिए नहीं कि वह दशक-दर-दशक वरिष्ठ कवियों की पंक्ति में अडिग खड़े हैं। वह निबन्धकार, आलोचक हैं, चौकन्ने सुधि पाठक और सम्पादक भी। अशोक वाजपेयी में विविध अनुभवों के साथ गहराता वह आत्मबोध है जो साहित्य की सक्रियता में पनपा है। सघन और सतर्क।

धूप में हम समय की पहचान करते हैं, पर धूप समय के आरपार फैल जाती है। लेखक समाज और समय के रुझानों को प्रत्यक्ष करता है। अशोक वाजपेयी ने लेखक-समाज की अस्मिता और गरिमा को भरसक सरकारी चौखटे में ऐसे संयोजित किया जैसे एक स्वतन्त्र राष्ट्र में लेखक बिरादरी को होना चाहिए। एक लेखक, प्रशासनीय अधिकारी और सजग नागरिक के हस्ताक्षरी तत्त्वों ने भारत भवन जैसे संस्थान को कलाओं से सम्पन्न और सम्पोषित किया। हिन्दी की विभिन्न स्थानीयताओं को साथ लेते हुए समग्रता में अशोक की अपनी रचनात्मक भाषा का टेक्सचर 'नए' पुराने को साथ-साथ लेकर चलता है। यह तथ्य उनकी पूर्वग्रही कलावादी दृष्टि और आलोचकीय आस्थाओं और सिद्धान्तों के बावजूद कहा जा सकता है।

आपको कहीं गलतफहमी न हो शायद, आपके सामने यह कहना जरूरी है कि हम न विद्वान हैं, न शिक्षक, न आलोचक, न सम्पादक, न रिव्यूअर, न विभागाध्यक्ष। हम दशकों-दशकों के आर-पार हिन्दी के ऊर्जावान लेखन के मात्र पाठक रहे हैं। अपने पाठकीय अधिकार के बल पर आपके सामने कुछ कह सकने की जुर्रत कर पा रहे हैं। गद्य-लेखक के रूप में जब हम लगातार जीवन के खुरदरे यथार्थ को प्रस्तुत करते रहे हों तो कविता की सुघड़ सुघराई पंक्तियाँ अनायास आपको रिमझिम बौछार की-सी लगती हैं। शब्दों की निथरी तरल पाँतें बरसती रिमझिम झरती बुन्दकियों-सी आत्मा को ठंडक पहुँचाती हैं।

उनकी कविता-पंक्तियों का सहज, घनीला कल्पना-लोक सुधि पाठक को उच्चारण कर दोहराने को उत्साहित करता है। इसलिए कि वह मात्र पांडित्य और वैराग्य की कविता नहीं। जीवन के तत्काल और यथार्थ को स्पर्श करती, शब्दों में लहराती भारतीयता के आत्मिक ध्वनि-संसार की तरंगें हैं। उनकी पक्तियों का सहजपन आपके अन्तर को ध्वनित करता है–

तुम ऋतुओं को पसन्द करती हो
और आकाश में
किसी न किसी की प्रतीक्षा करती हो
तुम्हारी बाँहें ऋतुओं की तरह युवा हैं
तुम्हारे कितने जीवित जल
तुम्हें घेरते ही जा रहे हैं

और तुम हो कि फिर खड़ी हो
अलसायी धूप-ताप मुख लिये
एक नए झरने का कलरव सुनती
एक घाटी की पूरी हरी महिमा के साथ
अनन्त लोक की उस शक्ति के साथ

इस लोकतन्त्र की व्याधि की ओर भी उन्मुख है कवि–

अगर बच सका
तो वही बचेगा
हम सब में थोड़ा-सा आदमी
जो रौब के सामने नहीं गिड़गिड़ाता
अपने बच्चे के नम्बर
बढ़वाने नहीं जाता मास्टर के घर
जो रास्ते पर पड़े घायलों को
सब काम छोड़कर सबसे पहले अस्पताल
पहुँचाने का जतन करता है जो अपने सामने हुई
वारदात की गवाही देने से नहीं हिचकता।
वही थोड़ा-सा आदमी
जो धोखा खाता है पर
प्रेम करने से नहीं चूकता
जो अपनी बेटी के अच्छे फ्रॉक के लिए
दूसरे बच्चों को थिगड़े पहनने पर मजबूर नहीं करता
जो दूध में पानी मिलाने से हिचकता है
जो अपनी चुपड़ी खाते हुए
दूसरों की सूखी के बारे में सोचता है
वही थोड़ा-सा आदमी जिसे खबर है कि
वृक्ष अपनी पत्तियों से गाता है अहरह–

दोस्तो यही है वह थोड़ा-सा आदमी जिसे राजनीति 'साधारण जन' कहकर

पुकारती है—कवि के अनुसार शायद वही बचेगा। आज के दिल-दिमाग और भरपूर पेटवाले घोटालेबाज नहीं।

अपने दोहरे अनुशासन में से दो विपरीत दिशाओं को देखने और नागरिक नैतिकता के प्रति इस ठंडे आग्नेय उत्साह के लिए धन्यवाद अशोक!

अशोक के यहाँ भारतीय मन की वैचारिक शक्तियाँ, भावनात्मक संवेदन और अभिव्यक्तियाँ अनेकानेक तत्त्वों से भरपूर रही हैं, उसकी मनोभूमि की गहराइयों तक फैली हुई हैं। दर्शन, चिन्तन, साहित्य और कलात्मक विधाओं के सम्मिश्रण और विभिन्न विचारदृष्टियों से अशोक ने अपने रचना-संसार में हमारा एक अनोखा सांस्कृतिक ताना-बाना बुना है। इसके साँझेपन के व्यापक पैमानों ने बहुत कुछ को भारतीय काव्यधारा में भी छान लिया है।

स्वतन्त्रता-प्राप्ति के पहले आजादी के लिए संघर्ष के इन्कलाबी दौर में और स्वाधीनता के बाद के भारतीय साहित्य में उभरते नए तत्त्वों को, भारतीय साहित्य में उभरते जीवन्त सर्जनात्मक मुखड़ों को, विकसित होते कथ्य-शैली और संवाद को देखा जा सकता है। विभाजित करती यह दो सीमाएँ एक सशक्त, सजग पीढ़ी की ओर संकेत करती हैं जो हमारे लोकतन्त्र की देन है। 'शहर अब भी सम्भावना है' का शीर्षक देनेवाले अशोक वाजपेयी की जन्मकुंडली से सम्भावनाओं की कोई कमी होनेवाली नहीं थी। एक पूरी शृंखला सफलताओं की।

अभी उसी दिन, उसी दिन ही तो, यूँ तो दशकों पुरानी बात है पर लगता है कल ही अशोक को श्रीराम सेंटर में—पहली बार देखा था। चेहरे की लुनाई पर दमकती खुली हँसी... उसमें अब भी कोई फर्क नहीं। अपने यहाँ हिन्दी बुद्धिजीवी हँसी-मजाक और जिन्दादिली को जरा हल्का ही समझते हैं। यही वजह है कि अपने यहाँ पुरअसर मजाक छींटाकशी से बाहर नहीं पहुँचते। आजादी के ठीक बाद के दशक थे। प्रदेशों की युवा भीड़ राजधानी की ओर उन्मुख थी। ऐसे में मध्य प्रदेश की तरुणाई का प्रतिनिधित्व करते दो युवक—अशोक वाजपेयी और श्रीकान्त राजधानी में अपने-अपने भविष्य की सम्भावनाओं की तलाश में पहुँचते हैं। अशोक सेंट स्टीफन कॉलेज में प्रवेश पाते हैं और अंग्रेजीदां संस्थान में भी अपनी देसी भाषा की गरिमा को बनाए रखते हैं। उन दशकों में भी यह बहुत आसान काम नहीं था। अशोक प्रशासनीय सेवाओं की दहलीज मैटकाफ हाउस का दैय्या छू लेते हैं। श्रीकान्त एम.पी.

सर्वेन्ट क्वार्टर से खुद नॉर्थ एवेन्यू पहुँचकर ही दम लेते हैं। वह समय खासी हलचलों का था। राजधानी में सलाहकार के रूप में हमारे वरिष्ठ लेखक मौजूद थे और विभागों में लगे हिन्दी अधिकारी 'भाई-भतीजा स्कीम' के अन्तर्गत जाने जाते थे। राजधानी के रजधनिया समाज में हिन्दी की भाषायी गम्भीरता को उस एक साहित्यिक घटना से लिया गया जब मुक्तिबोध की मृत्युशैय्या के पास खड़े यह दोनों युवक सहसा राजधानी के परायेपन में देसी परम्परा और संस्कार का प्रतिनिधित्व करते लगे।

श्रीकान्त की मंजिल आसान नहीं थी। अपनी प्रादेशिक चौकसी के व्यावहारिक अभ्यास में श्रीकान्त राजनीति के गलियारों में अपने को उद्‌घाटित कर रहे थे और अशोक अपनी नियुक्तियों को स्फूर्ति से निभा रहे थे। फिर विज्ञान-भवन में हो रहे नेहरू जन्मशती राष्ट्रीय समारोह की रूपरेखा को अन्तिम रूप देते हुए विश्व कविता समारोह। मध्यप्रदेश के युवा प्रशासनिक अधिकारी अशोक वाजपेयी का नाम उभरा एक विश्वास के साथ।

हिन्दी समाज कुछ इंच ऊपर हुआ। प्रशासनीय नियुक्ति का दबदबा है कि लेखकीय ख्याति का आधिपत्य! यह खालिस हिन्दी नहीं, पूर्व और पश्चिम की विचार-दृष्टियों का सम्मिश्रण है। अशोक वाजपेयी के खाते में साँझेपन के जो भी तत्त्व और पैमाने रहे–विश्व कविता समारोह ने उनकी कार्य-शक्ति और विश्व-साहित्य की गतिविधियों को विस्तार दिया।

अपने सन्दर्भ तक पहुँचने के लिए हशमत स्वतन्त्रता-प्राप्ति के पिछवाड़े से अपनी विस्थापित पीढ़ी और आजादी के बाद वाली अशोक वाजपेयी साहिब की पीढ़ी के रचनात्मक फर्क का जिक्र करेंगे। पराधीनता की विवशता, इंकलाबी क्रान्ति, जेल-यातनाएँ, बम विस्फोट, साम्राज्यवाद के विरुद्ध अहिंसात्मक संघर्ष और स्वतन्त्रता-प्राप्ति के बाद ऊर्जा, आत्मविश्वास और राष्ट्रीय अस्मिता के नए-पुराने बौद्धिक और सांस्कृतिक रसायनों से उभरते रचनात्मक विवेक की जाग्रति का वह समय था। नागरिक समाज में नए आत्मविश्वास और आत्मनियन्त्रण ने युवा पीढ़ी को नए रचनात्मक विन्यास, शिल्प और शैली की ओर अग्रसर किया था। साहित्य से उभरते जीवन्त तत्त्वों के प्रवाह को सर्जनात्मक पटल पर नित नए रूप में बहते देखा जा सकना सम्भव हुआ।

देवता हमें पुकारेंगे
जब पाप या प्रेम करने की
बची न होगी शक्ति
जब एक लहुलूहान आत्मा और
जर्जर शरीर भर होंगे पास
जब शब्द उड़ रहे होंगे
चिन्दियों की तरह हवा में
तब किसी पुराने छज्जे से
सपने की किसी ऊँची चट्टान और
सदियों से बन्द किसी खिड़की से
देवता हमें पुकारेंगे–

दोस्तो, दशकों के आरपार क्या यही वह समय नहीं है जिसे हम तब भी जी रहे थे, आज भी जी रहे हैं।

हम क्या सचमुच इस प्रतीक्षा में हैं कि देवता हमें पुकारें और ललकारें!

आज की जटिल परिस्थितियाँ और आज की विसंगतियों पर नजर रखती हुई यह पंक्तियाँ एक नागरिक के मन की चिन्ताओं, अभिव्यक्तियों को सहजता से अंकित करती हैं। उनके भाषायी गुंजान में ऐसी शाब्दिक आकृतियाँ, आवृत्तियाँ झलकती-तैरती हैं जो लम्बे समय से भारतीय मानस के सचेत संवेदन में उमगती-उभरती रही हैं। पुख्तगी से, परम्परा से जुड़ा अशोक वाजपेयी का कवि नए प्रतीकों को तरलता से बुन सकने में भी सक्षम है। उसका आत्मिक संस्कार अपनी सम्पन्नता में, उसकी काव्य-अभिव्यक्ति में लगातार धड़कता है। कविता की गूँज और गूँथ में मांसलता और शुचिता एक साथ झिलमिलाती है। देह वहाँ से ओझल नहीं हो जाती। एक-दूसरे की निकटता और निकटता से दूरी की मुलायमियत में से झाँकती हैं–अनोखी काव्य-छवियाँ।

दोस्तो यह न सोचिए कि कोई योजना बनाकर कुछ खास हासिल करने के लिए अदबी गुर्गों की गुटबन्दी के तहत यह तामीद बाँधी जा रही है। परिदृश्य को चहुँओर देखनेवाली इस बौद्धिक सजगता का चौखटा आन्तरिक नियन्त्रण से कम मजबूत नहीं। आज का भारतीय समाज अपने भाव-विस्तार में लोकतन्त्र के नाम पर जातीय

संकीर्णता और उससे जुड़े नकारात्मक दबावों से आक्रान्त है। ऐसे में अशोक की रचनात्मक सेहत, हमारी साँझी परम्परा से उभरे साहित्यिक और सांस्कृतिक सन्तुलन उनकी कविता को एक बड़ी भाषा का मुखड़ा प्रदान करते हैं।

लगभग बहुरंगी काव्य-प्रतिभाओं वाले संगी, साथियों के फरफराते दशकों के दौरान हम पाठक जिन लेखकों को पढ़ते रहे हैं—उनकी प्रकाशित कृतियों ने हमारी सोच को सम्पन्न किया है, उनकी बौद्धिक सोहबत के लिए हम उनके आभारी हैं। कृतज्ञता से साधुवाद। खुलासा इतना कर दें कि हम न अशोक के गहरे दोस्त हैं, न दुश्मन। न मुँहलगे प्रशंसक, न मुँहचढ़े निन्दक। कोई बराबरी भी नहीं। न उनके मातहैत काम किए हुए, न उनकी सीनियोरिटी से आतंकित, न उनके कलावादियों के नजदीक, न प्रगतिशीलों के चहेते, न किसी साहित्यिक संस्थान के वैचारिक कारिन्दे, न किसी चालूदल का परचम लहरानेवाले, न अशोक वाजपेयी की सर्वविदित कामयाबियों पर दिल जलानेवाले, न उनकी कुर्सीनशीनी की रौबीली साज-सज्जा और नए-नए ओहदों को देख जिगर कल्पानेवाले।

फिर भी सच यह कि लेखक अशोक वाजपेयी से न कभी हमारा मोह भंग हुआ, न ही हम मोह मुक्त हुए। उसकी वजह शायद वह दूरी थी जो निकटता को नहीं फलाँगती और वह निकटता भी जो दूरी को नहीं गरदानती। यह पारिवारिक मिठास, कड़ुवाहट का सम्बन्ध नहीं, यह साहित्यिक नातेदारी है जिसे ताजा रखने का सलीका भी कुछ तो होता है। कुछ नहीं बहुत कुछ। साहबों, पाठक अनजान, अपरिचित हों या प्रिंट-परिचित, समय विशेष को साथ-साथ जीते हुए एक-दूसरे के हस्ताक्षरों का रचनात्मक वजन जाँचते-आँकते रहते ही हैं। यही वजह है कि लेखक अशोक वाजपेयी से हमारा कभी मोहभंग नहीं हुआ। ऐसा नहीं कि उनसे कभी सैद्धान्तिक मतभेद न हुआ हो, मुद्दों को लेकर आपसी विरोध-प्रतिरोध न हुए हों। हाँ, अदबी मिजाज वाली मौन खाइयाँ, न कभी एक-दूसरे पर आक्रमण करने की रणनीतियाँ ही अपनाई गईं। फिर भी इन्हें सुन, पढ़कर हम इनकी गहरी रचनात्मक ऊर्जा व बौद्धिक आकर्षण से दूर नहीं हुए। अदबी मितव्ययिता के चलते न सर्जनात्मक उदारता से मुक्त हुए, न निकट सम्बन्धियों की-सी निन्दा बदखोई से मस्त हुए। हमें गर्व है कि वह हमारे सम्पादक हुए। यह भी है कि 'पूर्वग्रह' जैसी पत्रिका में हम उनकी पैनी दृष्टि तले ध्वंस भी नहीं हुए।

विचारधाराओं के जलजलों में नई-पुरानी और युवा पीढ़ियाँ निरन्तर अपनी कल्पनाओं के साथ आगे-पीछे सरकती रहती हैं। कभी पुरजोर दखलअन्दाजी कर कभी तटस्थ हो अपनी-अपनी रचनात्मक निजता की सुरक्षा करती साहित्यिक पीढ़ियाँ आस्थाओं की निधि में गुणा करके गुम हो जाती हैं। अशोक अपनी वैचारिक आस्थाओं में लगातार विश्वास बनाए रहे हैं। अपनी ओर से इतना ही कि हम अपनी लम्बी जीवन यात्रा में उत्साह और उनमें धड़कती-लहकती आँच के लिए कवियों की पंक्तियाँ दोहराया करते हैं।

अशोक की दैहिक दृष्टि और अनुभूतियों पर कई आलोचनात्मक फब्तियाँ कसी जाती रही हैं। हम जैसे पाठकों का कहना इतना ही कि क्यों न हम अध्यात्म के उस घुलनशील स्पन्दन को भी महसूस करें जिसके स्पर्श का अनुभव देह ही कर सकती है। करती है। कविता दर्शन का कोरा निर्लिप्त वैराग्य-विवेचन और शास्त्रीय व्याकरण नहीं, लोक में व्यक्ति के तन, मन, देह, आत्मा के साँझे एकान्त में स्फुरित उस अलौकिक भावनात्मक शक्ति का भी उद्‌गम है जिसे कवि की कविता-पक्तियाँ शब्दों में आबद्ध करती हैं।

मुलाहजा हो यह गुच्छा–

जहाँ जहाँ
सुख है
उसके तन में
उसके मन में
वहाँ वहाँ
उसने उसे छुआ
अपने अंगों से
अपनी देह से
अपने शब्दों से
अपने मन से
छूने में सुख था
नहीं था अनछुए रहने देने में
सुख ने अपनी जगह बदली

फिर भी वहीं रहा
जहाँ पहले था
तन में, मन में–

अभिव्यक्ति जो सहज ही कवि के अन्तरंग हल्कों से हवा की तरह बहती है और शब्दों को सिहराती है तो तन-मन में कुछ विशेष घटित होता है। उत्तेजना में शब्द की सादगी फुरकने लगती है।

आज की सामाजिक संरचना में साहित्यिक और राजनीतिक विचारधाराओं के बरक्स व्यक्ति नागरिक का आन्तरिक पहले से कहीं ज्यादा उलझा हुआ और संश्लिष्ट है। पेचीदा हो चुका है। साधारण और असाधारण बौद्धिक बहाव मूल्यों से हटकर खेमों की संयोजक व्यावहारिकता में धँस चुके हैं। साहित्य-व्यवस्था भी ऐसे ही बारीक नियन्त्रण तले गड्मड् होकर घुमड़ रही है। तथाकथित प्रिंट बाजार में से गुजरते, अलग-अलग कार्यरत नागरिक समूह जातिगत दबावों की दलदली में से होकर ही अपने लक्ष्य पर पहुँचते हैं। अपने को राजनीतिक गलियारों के निर्मम शक्ति-प्रदर्शन का आधार बनाकर। बौद्धिक स्वतन्त्रता के नाम पर व्यवस्था का चौखटा अन्दर के नियन्त्रण में काफी पेचीदा मगर लचकीली जकड़न में है। जैसे चाहे उसे पेश कर दें। जातीय संकीर्णता और उससे जुड़ी संकीर्ण साम्प्रदायिकता के महत्त्वपूर्ण अधिकार क्षेत्र में पहुँचते ही तमाम छोटे-बड़े लेखकों की तूल-तालिका उलाँघकर अपने को, अपने में स्थित मँझोले लेखक को 'महान' बनाकर संस्थानों के 'शोरूम' में प्रतिष्ठित कर लें। एक-दूसरे से इस्तेमाल होना और इस्तेमाल करना आज साहित्य-संसार की सबसे बड़ी अदाकारी है। ऐसे में अशोक वाजपेयी के व्यावहारिक, सामाजिक मानदंड व्यक्तिगत और साहित्यिक हिन्दी के वातावरण को बड़ी भाषाओं की सामाजिक सक्रियता के निकट ला खड़ा करते हैं। व्यक्ति की सिरजित सर्जनात्मकता और उसके जीने में से उभरती, उफनती, शब्द में संचारित होती अभिव्यक्ति कितनी गहन, वैचारिक भावनात्मकता में सनी है, यह उसके रचना-संसार में प्रवाहित होती दिखती है। आज की लचकीली, एक-दूसरे को रौंदती नैतिकता से भयभीत यह शब्द–

समय सुनाओ उसकी गाथा
जो अन्त तक बिना झुके
बिना गिड़गिड़ाए लड़खड़ाए

बिना थके-हारे बिना संगी-साथी
बिना यातना के
सबके लिए गाए
अपने अन्त की ओर चलता जाए

यकीनन अशोक आज के लोकतान्त्रिक समाज के सांस्कृतिक पक्ष की ओर संकेत कर रहे हैं।

यह जीवन-दृष्टि व्यक्ति की गरिमा और जीवन को जीने की अस्मिता की जो तस्वीर पेश करती है, उसे भला कौन न सराहेगा?

यहाँ याद करना होगा कि स्वतन्त्रता-प्राप्ति के बाद के आधुनिक भारतीय मन का बौद्धिक अन्वेषण और उससे जुड़ी विभिन्न सांस्कृतिक-वैचारिक प्रवृत्तियों का प्रतीकात्मक आकलन किसी न किसी रूप में उनकी लिखित में संयोजित है। उनकी मंच-मुद्राएँ भी विभिन्न भाषायी रसायनों के मिश्रण से कुछ ऐसा प्रस्तुत करती हैं जो आज के हिन्दी भारतीय का सजीव स्वरूप हो। एक सजग नागरिक अधिकारी की निगाह से लैस जो राष्ट्र के परिदृश्य को देखने की समझ रखता हो। यूँ तो कोई भी प्रशासनिक अधिकारी नागरिक सर्वसत्ता और सर्वसाधारण की फाइलों से अलग और आगे देखने की काबलियत रखने का प्रशिक्षण पाता है पर अधिकतर यह 'आम' राजनीति का साधन बनकर रह जाता है। विपरीत दिशाओं से भी देखें तो अशोक वाजपेयी का साधारणजन सभी प्रबुद्धों द्वारा देखे जानेवाला वह संस्कारी व्यक्ति है जो कुछ सोचता-समझता है और अपनी ही कीमत पर अपनी सीमाओं को जीतता है। तथाकथित इस पुरानी विरासत पर छा रहे धुँधलके की पहचान के लिए ही कवि ने 'समय सुनाओ वह गाथा' के शब्द गूँथे होंगे। ऐसे मौन अहसासों को पन्ने पर उतारने का कारण नागरिक चेतना का घनीलापन ही होगा जो समाज के विभिन्न स्तरों पर आँख रखता है। स्थितियों को आकार देने की गम्भीरता को जानता है। कहें कि हर लेखक नागरिक अपने कार्यकारी धन्धे और जीविका में व्यस्त रहते हुए भी उसी चौखट में से कुछ ऐसा दिखाता है, सहेजता है जो साधारण का विशेष है और विशेष का साधारण भी।

किसी भी धन्धे, अनुशासन या जीविकार्जन की तरफदारी नहीं की जा सकती यह कहकर कि उनकी जानकारियाँ, स्मृतियाँ, कल्पनाएँ और जीवन के यथार्थ से

दूरी या निकटता, अकादमिक साहित्यकारों से अलग और कमतर हैं। मात्र कामकाज की व्यावहारिकता लेखकीय अभिव्यक्ति का रंग बदल सकती है मगर साहित्य के सन्दर्भ में वैचारिक आग्रहों, सरोकारों और आस्थाओं की भूमिका कम नहीं होती। रचनात्मक सम्पदा किसी एक मुखड़े से नहीं जुड़ी हुई। किसी भी शास्त्रीयता और सर्जनात्मक के बीच संकीर्णता या मुठभेड़ अच्छी नहीं।

दिलचस्प है कि प्रशासनीय सेवाओं को सत्ता से अनुप्राणित होने की हकीकत से ही ब्यूरोक्रेट को नौकरशाह पुकारने में एक खास तरह का नकचढ़ापन हमारे हिन्दी समाज में तारी है। देखें तो अद्‌भुत है—नौकरशाह शब्द की उत्पत्ति और इसकी कर्णध्वनि। अकारण नहीं कि एक साथ नौकर-शाह की प्रवृत्ति जन और अधिकारी के बीच के फासले और दूरी को एक खास तरह के अमैत्री भाव के साथ दर्शाती है। व्यवस्था और तन्त्र को लेकर शायद यह हम भारतीयों की ऐतिहासिक मनोग्रन्थि है। प्रशासनीय अधिकारी या ब्यूरोक्रेट को लेकर हिन्दी साहित्य का जनतन्त्र अपने ही देसी ढंग से उसके व्यक्तित्व को झाड़ता, बुहारता रहता है। संस्कारी भारतीय विधि, रीति, सोच-विचार, अध्ययन, पठन-पाठन तथा अन्य रचनात्मक क्रियाएँ आलथी-पालथी मुद्रा में ही बैठकर सम्पन्न की जाती रही हैं। ऐसे में अधिकारी वर्ग की कुर्सी जनता-जनार्दन की आँखों में जरूर खटकती रही है। सरकार का सारा बन्दोबस्त एक विशाल कुर्सीखाने की कुर्सीनशीनी से चले तो अधिकारी को नौकरशाह कहने में किसे एतराज हो सकता है। अधिकारी वर्ग की उपेक्षा के साथ-साथ यह एक खास भाव के वैमनस्य का सुरक्षात्मक स्वीकार भी करता है। व्यवस्था के प्रति एक तरह की हिंसक शिष्टता। प्राध्यापकों के अनुसार साहित्य में पहले नम्बर पर विभागिए, दूसरे पर शिक्षक, तीसरे पर शिक्षक के रिसर्चर, चौथे पर नौकरशाह और आखिरी नम्बर पर आता है बिचारा नौसिखिया। 'क्रिएटिव' सर्जक अपनी रचनात्मकता की पोटली उठाए-उठाए साहित्य क्षेत्र में दाखिल होने से पहले बरसों ऐड़ियाँ रगड़ता है। बहरहाल अब स्थितियाँ बदली हैं। आज की नेटवर्किंग के चलते हालात पहले से अलग हैं। आप मेरी जात में—मैं आपकी जात में, आपका जिला प्रदेश मेरा, आपकी बोली-बाटी मेरी। मेरा प्रदेश और देश? देश को पीछे छोड़ो, देश बहुत बड़ा है।

यह है साहित्य का राजतन्त्र और लोकतन्त्र। कम दिलचस्प नहीं कि इस बुद्धिजीवी धन्धे के अलग-अलग गिरोह एक-दूसरे को कैसे देखते-जानते हैं और कैसे

एक-दूसरे पर फब्तियाँ कसते हैं। इससे भी यह प्रकट है कि हमारा भाषिक व्यवहार कितनी और किस तरह की शालीनता रखता है। हम सभी जानते हैं कि हमारे यहाँ हाथ-जोड़ विनम्रता और पाँव-पड़ शालीनता की कोई कमी नहीं। इन दोनों विधियों की सफलता को किसी भी रचनात्मक लेखक के स्वभाव को अरखने-परखने को अकसर व्यक्तिगत क्षमताओं और सीमाओं से ही मापा-जाँचा जाता है। लेकिन गौर करें, अशोक वाजपेयी नीमप्रबुद्धों द्वारा कैसे देखे जाते हैं। सुधीश पचौरी द्वारा सम्पादित 'पाठ-कुपाठ' में 'वह मेरी ईर्ष्या' शीर्षक तले वाजपेयी का खाका किस तरह खींचा गया है।

"अशोक वाजपेयी एक ऐसा कल्चरल एक्टिविस्ट है जो पिछले तीस सालों से हिन्दीवालों को हल्कान-परेशान किए है।

वह रूपवादी है।

वह कलावादी है।

प्रतिक्रियावादी है।

वह सत्ता का प्रतीक है

वह नौकरशाह है।

वह रीतिवादी है।

अरे वह वही है जिसने कहा था कि मरनेवालों के साथ मरा नहीं जाता।

एक कवि के रूप में उसके पास क्या है? नौकरशाही का तामझाम न होता तो देखते कितने पानी में है।

देखो कहीं अकादमी का चेयरमैन न बन जाए। संस्था का नाश मार देगा।

उससे भला क्या उम्मीद की जा सकती है।"

वाह क्या फिकरेबाजी, क्या दृष्टि और क्या दृष्टिकोण, क्या सचमुच कोई एक्टिविस्ट पूरे हिन्दी समाज को हल्कान कर सकता है! इस तरह अपने समकालीन को मापने-जाँचने में न निरर्थक शब्द ही कुछ बटोर पाए न अर्थ ही कुछ सँजो पाए। अचरज यह भी कि शिक्षित मानस में एक-दूसरे के प्रति इतनी ईर्ष्या और वैमनस्य हो कि किसी स्वभाव की खूबियों और बारीकियों की ओर न देखें और न साहित्यिक उपलब्धियों की बात ही सोचें। कम विस्मयकारी 'पाठ कुपाठ' में संकलित यह पंक्तियाँ भी मौजूद हैं कि अज्ञेय के बाद अशोक वाजपेयी ही सुपर खलनायक नजर आएगा

जो इन दिनों अज्ञेय की फिल्म उतरने के बाद हिन्दी के मैटिनी शो में दिखाई जा रही है।

शायद इन चालू मुहावरों का मंशा इतना ही कि प्रभावशाली लगें मगर दिल्लगी और हल्की-फुलकी गम्भीरता को भी कुछ ऐसे प्रवाहित करें कि तथ्य और सत्य की तरह विभागों, विचारधाराओं के जमावड़ों में मामूली क्लासिक बन जाएँ। 'मैटिनी शो' के साथ अशोक वाजपेयी और अज्ञेय की तुलना कम हास्यास्पद नहीं। ऐसे साहित्यिक वाचन के स्तर का क्या कीजिएगा? यह हल्का मानसिक विलाप-प्रलाप उत्पीड़ित ग्रन्थियों को ही जाहिर करता है। किसी ऐतिहासिक मानसिकता का ही अवशेष मालूम देता है। इसमें कोई शक नहीं कि भारतीय समाज में व्यवसाय और जीविकोपार्जन की उच्चतम सीढ़ियों पर विद्वान शिक्षक और अन्य व्यवसायों के मुकाबले प्रशासनीय सेवाओं की सरकारी व्यवस्था और राजतन्त्र की भाषा अंग्रेजी में प्रशासक प्रशिक्षित सक्रियता के हवाले से ऊँचे निशान पर स्थित रहा है। प्रशासनिक कार्य-संस्कृति और शक्ति का नीतियुक्त समझ वाला व्यक्तित्व ही शक्ति-संचयन और आत्मविश्वास का प्रतीक रहा है। ठीक इसके विपरीत लेखक साहित्यकार लेखकीय साधना का। अब स्थितियाँ बदल चुकी हैं। इसलिए एक-दूसरे के प्रति हमें भी अपना नजरिया बदलना होगा।

राजभाषा की इमदाद करते हुए प्रशासनीयों के अंग्रेजी मोह पर शायद छींटाकशी करना अब उतना सही नहीं, जितना वह लगता है। आजादी से पहले साम्राज्यवादी व्यवस्था और तन्त्र की भाषा होने से अंग्रेजी और अन्य भारतीय भाषाओं को आमने-सामने रखा और इन दोनों की निपुणता से ही प्रशासनीय वर्ग की ऐतिहासिकता भी जुड़ी रही जो आजादी के बाद भी विकास पर है। लोकतन्त्र में भी राजस्व और सामाजिक गतिविधियों को सामंजस्य के अनुरूप और आज की वैश्विक कार्य-संस्कृति की भाषायी प्रमुखता एकदम अंग्रेजी के हक में जाती है। और 'लोक' की भाषा होने से उसकी सम्प्रेषणीय शक्ति से भारतीय भाषाएँ सुरक्षित हैं। अपने ढंग से विकसित होकर।

भारतीय मन का संस्कार, विस्तार और संकीर्णता जिन ग्रन्थियों की जकड़न से हमारी अन्तर-आत्माओं में धँसे हैं उनके उबार की पृष्ठभूमि में अशोक की कविताएँ विशेष हो उठती हैं। यह उनकी वेतनभोगी सम्पन्नता के कारण नहीं—स्वतन्त्र भारत

में उभरती उन युवा पीढ़ियों के नए सन्दर्भों की भी देन है जो लोकतन्त्र में प्रवाहित होते हैं। परिवर्तन होते चलते हैं। नए-पुराने समयों के ऐतिहासिक, सांस्कृतिक मिथकों को आत्मसात् करते हुए कविता में नया ताना-बाना बुनते हैं। अशोक अपने कार्यकारी जीवन में निरन्तर सफलताओं और सफलताओं की सम्भावनाओं की शृंखला बनाते-बुनते चलते हैं। वह हिन्दी की विभिन्न स्थानीयताओं को साथ लेते हुए अपने भाषायी शिष्टाचार में एक हिन्दी भाषा को प्रतिबिम्बित करते हैं। यह तथ्य उनकी बहुविवादित कलावादी दृष्टि और साहित्यिक आस्थाओं के बावजूद कहा जा सकता है।

यहाँ अप्रासंगिक नहीं यह याद कर लेना कि कोई भी अभिव्यक्ति जब कवि के नितान्त निजी हल्कों से उठकर शब्दों तक पहुँचती है तो सहज ही कुछ घटित हो उठता है। मौन संवेदन की उत्तेजना जिसे कवि का आत्मनियन्त्रण उसकी विभिन्न तरंगों को सहजता से ग्रहण करता है। साथ ही जीवन की द्वन्द्वात्मक जटिलताओं का अनोखा धड़कता स्पर्श प्रस्तुत करता है जो सिर्फ विचारधाराओं के सीमान्तों से ही नहीं उठता। कोई भी विचारधारा मानवीय मूल्यों को अनदेखा नहीं कर सकती।

हम सब में थोड़ा-सा आदमी ही बचेगा—

कैरियर की स्थिरता, सामाजिक, पारिवारिक और आर्थिक स्तर पर सम्बन्धों की तनातनी के इत्मीनान में कवि सयासी सरोकारों के फन्दों से निकलकर कुछ और कहना चाहता है जो उसके भावनात्मक पक्ष के अनुरूप हो। हर कवि के अपने व्यक्तित्व का, उसकी अन्तर्दृष्टि का काव्य-विवेक एक-दूसरे से भिन्न होता है। उसकी आत्मीयता का रंग अपनी मुखरता में सना कभी-कभी उन्मुक्त, कभी संयमित दूर की ऊँची काल्पनिक उड़ानों से। कवियों की काव्य-यात्राएँ व्यक्तिगत जीवन-यात्राओं की परिस्थितियों से भी गुँथी-पगी रहती है। यहीं से वह विविध अनुभूतियाँ सँजोती हैं—अलौकिक और इस लोक के खुरदरे यथार्थ के संघर्ष की। अन्तर्दृष्टि की वर्णमाला आँकती है कभी आकाश पर ऊषा की रंगीली धूप-छाँह, पेड़-पत्ते, नदियाँ-सागर और अगले लोक के छोर पर बैठे हमारे पूर्वज—यह अशोक हैं और ठीक दूसरे छोर पर खड़े हैं मुक्तिबोध। अँधेरी परछाईं से घिरे अपने समूचे स्नायुतन्त्र से। अशोक के लोक और अनन्त के बीच कबाड़खाने-सी निर्धन, निरीह, वंचितों की दुनिया इस समूची धरती का कीचड़, मनुष्य मात्र को अपमानित करती, आदिम हिंसा में खूँखारी से शोषित और प्रताड़ित नियन्त्रित निरीहों की दुनिया, निर्धनता, असमानता और अन्याय से

मनुष्य को अपमानित कर रहा यह क्रूर खिलवाड़– दोनों कवियों को एक-दूसरे से दूर करता है। ऐसे में पाठक मुक्तिबोध में अशोक को क्यों खोजे और श्रीकान्त, रघुवीर सहाय में शमशेर को भी क्यों? हमारी काव्यधारा तरलता में खासी गाढ़ी और गहरी है। उसके स्रोत हमारे लौकिक और अलौकिक दोनों से दोनों के संवेदनात्मक अनुभूत में बराबर झरझराते, झलकते, छलकते और झम्मझमाते हैं। फिर हम उन्हें कंजूसों की तरह क्यों निरखें। सम्पन्नता की आसूदगी से तो कोई क्रान्तिकारी विस्फोट नहीं होते। इसकी संचित निधि का काव्य लिप्यान्तर गहरी संयमित आध्यात्मिक समझदारी में ही होता है। ऐसे में कुँवर नारायण, रघुवीर सहाय या नागार्जुन की पंक्तियों में एक-दूसरे के अक्स को क्यों ढूँढ़ें?

आज की घोटालेबाज सामाजिक संरचना में उलझे व्यक्ति का आन्तरिक पहले से कहीं ज्यादा पेचीदा हो चुका है क्योंकि विचारधाराएँ भी खेमों के बहरूपियापन में से किसी बारीक तन्त्र की राजनीति के नियन्त्रण से गुजरकर मुखौटों के साथ तथाकथित लोकतान्त्रिक कार्यविधि में स्थित हो जाती हैं। राजनीति तब इन्हीं शक्ति-समूहों का प्रदर्शन करती है।

भूमंडलीकरण के विचार, बाजार की शक्ति और चौखटा इतनी खुली जकड़बन्दी वाला है कि ऊपरी सतह पर दीखती वैचारिकता का पक्ष और प्रत्यक्ष आप जिधर चाहें मोड़ लें। अलग-अलग प्रोफेशनल गिरोहों के अलग-अलग प्रवेश-द्वार हैं। सर्वसत्ता परिदृश्य पर लोक और लोकतन्त्र को देखने के हजार ढंग हैं। प्रशासनीय सेवाओं के बाहर खड़े साधारणों के व्यंग्य-वाण और कटाक्ष सुनते, सहते वह 'विशेष' भी उन मानवीय विकृतियों के अभ्यस्त हो जाते हैं।

साहित्य व्यक्ति की सिरजित सर्जनात्मक प्रतिभा और उसकी जीवनशैली में से उभरती-उफनती अभिव्यक्ति कवियों के शब्दों में संचारित हो महज वैचारिक भावनात्मकता में धड़कने लगती है। इजाजत लेने से पहले यह पंक्तियाँ दोहराना चाहेंगे। खासतौर पर अपने लिए–

जूते हैं पर
पैर नहीं है
और न ही वह आदमी
जो उन्हें उस कोने में रखकर

चुपचाप चला गया
किसी और चबूतरे पर बैठकर
आगे की यात्रा तय करने के लिए
वृक्ष पर फुदकनेवाली चिड़िया
अलक्ष्य करती है उन खाली जूतों को
पर रंगहीन वृक्ष डालता है
अपनी किसी शाखा की पतली छाया
उन पर धूप से उन्हें बचाने के लिए नहीं
बल्कि उन्हें धीरे से
जताने के लिए
कि उन्हें याद है कि वे वहाँ हैं।
जूते कोशिश करके भी
याद नहीं कर पाते
उन पैरों को जो उनमें थे
वे सपना देखते हैं नन्हें पैरों का
जिनके लिए वे हमेशा बड़े साबित होंगे।
यह पैतृक वृक्ष है
नीले अनन्त के किसी
ढहते हुए चबूतरे के पास–

दोस्तो, अशोक वाजपेयी की कल्पना की बदौलत 'अनन्त का वह चबूतरा' अब इन आँखों को दीखने लगा है–

मगर नहीं, फिकर नहीं–
चबूतरा रहा एक तरफ–
याद इतना भर रहे कि
शब्द से भी जागती है देह
जैसे एक पत्ती की आवाज
से भी होता है

सवेरा।
फिर होगा सवेरा।
अन्त के बाद
हम चुपचाप नहीं बैठेंगे
फिर झगड़ेंगे
फिर खोजेंगे
फिर सीमा लाँघेंगे
क्षिति, जल, पावक
गगन समीर से
फिर कहेंगे
चलो
हमको रूप दो
आकार दो
वही जो पहले था
वही
जिसके बारे में
अन्त ही भ्रम है
कि उसने सदा के लिए
मिटा दिया
अन्त के बाद
हम समाप्त नहीं होंगे
यहीं जीवन के आसपास
मँडराएँगे
अनन्त हम अन्त को बरकरार
फिर यहीं आएँगे
अन्त के बाद
हम चुपचाप नहीं बैठेंगे
(किसी न किसी शक्ल में)

ऐसी शामों में
यहीं नजर आएँगे।

दोस्तो, आत्माभिव्यक्ति परम है और बिचारे गद्य-लेखकों से ज्यादा इस हकीकत को कौन जानता है कि कविता ही उसका चरम है–

अब हशमत आपसे इजाजत चाहते हैं।

हम हशमत

विभूतिनारायण राय

बाज आए मुहब्बत से उठा लो पानदान अपना

जनाब विभूतिनारायण साहिब इस नाचीज का आदाब। यूँ तो हशमत उम्र में आपसे इतने बड़े हैं कि आपको बरखुरदार कहकर भी पुकार लें मगर महात्मा गांधी अन्तरराष्ट्रीय हिन्दी विश्वविद्यालय के साहिबे-तालीम के रुतबे और जनाब के गंगा-जमुनी मिजाज का खयाल करते हुए हमारी ओर से शायस्तगी की तामीद बाँधनी भी जरूरी है।

आपके पाक-साफ नामवाली मशहूर हस्ती के साथ जो हादसा हो गुजरा है उसके लिए तो न अफसोस जाहिर किया जा सकता है, न मुबारकबादियाँ दी जा सकती हैं और न ही प्रेमचन्द की गवाही के साथ मामला रफा-दफा होने पर जनाब की जिन्दाबादियाँ ही बुलाई जा सकती हैं।

नए ज्ञानोदय के 'बेवफाई' विशेषांक में आपके इंटरव्यू और पुराणपंथी में सना-पुगा जनाना बिरादरी का 'बेवफाईनामा' और उस पर मुकम्मल खुलासे की तरह छिनालों को हिदायतनामा पिछले दिनों अदबी दुनिया की चर्चाओं में गर्दो-गुबार की तरह छाया रहा है। राजधानी की गर्म-सर्द सयासी फिजा में भी जोर-शोर से फरफराता रहा है। साहिब हम तो फकत इतना भर जानना चाहते हैं कि इस त्रिकोणी मामले की रजिस्टर्ड सच्चाई क्या है?

तआज्जुब तो इस बात पर कि इस सोची-समझी रणनीति का, बाकायदा दो यारों की जुगलबन्दी के प्लान का चक्का जाम हुआ तो कैसे हुआ? क्यों हुआ?

ऊँची पुलिसिया हैसियत से लैस आई.पी.एस. की कीमती मरदानी शर्ट के मालिक होने के बावजूद यह साहित्यिक शर्मनाक घटना घटी तो कैसे घटी? क्यों घटित हुई, खासतौर पर जब इसकी पुख्तगी पर दो इलाहाबादी उस्ताद तैनात रहे, उनकी तमाम होशियारी और बन्दोबस्त के बावजूद!

हम खुद परेशान हैं यह देखकर कि आपकी दमखम वाली शख्सियत पर छाई अजीब-सी बेरौनकी और कन्धों से झाँकती 'शहर में कर्फ्यू' की खामोश लावारिस-सी जिल्द जाने किस सदमे और पशोपेश में है। बेशक हत्थेदार कुर्सी को दुबारा हासिल करने के लिए अच्छी-खासी कीमत तो अदा करनी ही पड़ती है और उससे जुड़ी अलामतों-मलामतों का भी सामना करना पड़ता है। गाजियाबादी शोहरत के सदके जिस पुलिसिया वर्दी की मुस्तैदी तले आपने अपने लेखक को बनाया, सिखाया, सधाया भला उसे इतनी बेदर्दी से भी चाक क्यों कर दिया। सिर्फ तीन सतरों के माफीनामा पर। अपने तीन लबादों में से लेखक का पहरन ही चुनकर कबाड़ी के आगे फेंक दिया।

हम आपको यकीन दिलाना चाहते हैं कि हमारी चिन्ता और विरोध आपके प्रति नहीं—मुखालफत मात्र 'छिनाल' शब्द के प्रति भी नहीं—उस अलोकतांत्रिक, वैचारिक, मानसिक और सांस्कृतिक रणनीति को लेकर है जो आज की तारीख में 'बराबरी' के लोकमत के विपरीत जाती है। पूरे साहित्य समाज में मची इस खलबली का मतलब यह न लीजिए कि आपकी लेखक बिरादरी मदहोशी में आपका विरोध

कर रही है। इतना तो आप भी जानते ही होंगे कि लेखक का धन्धा कुछ भी हो, उसके पास कुर्सी हो या न हो—वह सिरफिरा लेखकीय कद्रों-कीमतों को भरसक जीना चाहता है। आज की तारीख में हम मूल्यों के नाम पर भले शहीद न होते हों, उनकी हिफाजत की तरफदारी तो जरूर करते हैं। कुछ कीमत भी चुकानी पड़े तो चुकाते हैं।

हजूर अल्लाह के फजल से आपको तो कोई ऐसी मजबूरी ही नहीं है। आपको सेवाओं की पेंशनशुदा सुरक्षाएँ हासिल हैं। आप उस माफीनामा रुक्के की जगह स्वयं अपना इस्तीफा पेश करते तो भी आपके हिसाब की गुणा-तकसीम में कोई कमी न आती और एक बड़े लेखक समूह के संस्कारों, शिष्टाचारों और नैतिकता की साख बनी रहती।

इस गुमसुमी करामात और खामोशी में भी भड़कीली हरकत की कीमत जो भी आपके शागिर्दों ने आँकी हो जाहिरा तौर पर दो यारों का याराना पहले की तरह ही मजबूत बना रहा। अदब के जनाना डिब्बे के लिए भला आप दोनों में से कौन किसका सिर फोड़ता जबकि साँप-सीढ़ी के खेल को अबूरकर अपने हक में खींच लेने की तालीम में दोनों माहिर हों।

आपके हिमायतियों ने जाने किसके इशारे से, हमदर्दी से यह कहना शुरू कर दिया कि आपका विरोध करनेवाले आपकी रोजी-रोटी क्यों छीनना चाहते हैं? गलतफहमी और गलतबयानी की भी हद है। क्या सचमुच उन्हें नहीं मालूम कि घोटालों तक में फँसे लोगों के लिए इस सुरक्षित पगडंडी की गुंजाइश बनी रहती है। क्या पढ़ी-लिखी मंडली इस बात से अनजान है कि ऐसी बातें कह, लिखकर वह आपके लिए संकोच का सामान जुटा रहे हैं। क्या हाशिए पर पहुँचे साहित्यिक लोकतन्त्र में व्याप्त सात्विक मूल्यों के पुराने दाम बरकरार रखने का यही एक प्रभावशाली रास्ता है। क्या सचमुच उन्हें नहीं मालूम कि नौकरशाही के नियम-दस्तूर क्या होते हैं? शुक्र है उनकी समझदारी का कि उन्होंने आपके लिए चन्दा इकट्ठा करना शुरू नहीं कर दिया।

सरकारी खाकसार को इसकी जरूरत नहीं पड़ती। ब्रादर आप बरसों इस अदबी बिरादरी से जुड़े रहे हैं—इतनी जल्दी बेगैरती से अपने लेखक को कुर्बान भी क्यों कर दिया! यह भी कैसी मजबूरी थी कि खुद अपनी खुदी से बेवफाई ठान ली।

लगता तो यह भी है कि आप ही के अमले के किसी मुखबिर दुश्मन ने जन्त्र, मन्त्र और तन्त्र की धूप-छाँही पर आपको सूखने डाल दिया हो। आपसे ज्यादा इस हकीकत को और कौन जानता है कि पेशेवर बिचौलियों के बीच में से ही खोजियों की खुम्बियाँ फूट निकलती हैं।

राय बहादुर साहिब मन्त्री महोदय के आदेश पर माफीनामा के भभके से तो आपके मुरीद और यार-दोस्त और दिलजले दुश्मन सभी भौंचक्के रह गए। क्या यह अकलमंदी थी? समझौतापरस्ती, ऐड़ी घिसाई कि अपने जमीर की रुसवाई! जो कुछ भी हो—लोकतान्त्रिक सभ्याचार और विचार संस्कृति के इतना खिलाफ थी कि समूचा साहित्य-संसार जनाब की जवाब-तलबी करने को एक हो गया। जवाबी हमले में वी.सी. साहिब के मुँहलगे किसी खोजी ने निहायत पोले मुँह से वी.सी. साहिब से पूछा—क्यों लेखक मिलकर साहिब बेकार की हुज्जतें कर रहे हैं—एतराज तो एक लफ्ज 'छिनाल' पर है न, जो शब्दकोश में बाकायदा बाइज्जत शामिल है। हमारे परिवारों में नानियाँ, दादियाँ छिनाल शब्द आए दिन इस्तेमाल करती हैं।

सुनकर वी.सी. साहिब के बुजुर्ग माथे पर जवानी की सयानफ उतर आई। हँसकर कहा हमने तो इस शब्द का इस्तेमाल किया ही नहीं। गड़बड़ कहीं और हुई लगती है।

आपका शक किधर जाता है। क्या सम्पादकीय मेज की ओर—

कह नहीं सकते।

जनाब सैकड़ों लेखक-लेखिकाएँ आपके विरोध में खड़े हैं। प्रेस और मीडिया की नजर भी मुलायम नहीं। राय साहिब मुस्कराए। मन ही मन सोचा कि पट्ठा नहीं जानता कि अखबारों और मीडिया तक पहुँचनेवाली खबरों और वारदातों को दर्ज करने और करवाने की खानापूरी में किस मुखर को मौन रखा जाता है और किसके साथ जोड़ी बजवा दी जाती है और हादसे के किस हिस्से को मामूली धूप दिखा दी जाती है। फाइल हर पत्तों पर साफ-शफ्फाफ, नियम-कानून के मुताबिक। तमाशबीन कयास लगाते रहें। चुपचुपीती करामाती तरकीबों के विशेषज्ञ खूब जानते हैं कि यह पैंतरे और पेंच कहाँ काम आएँगे। दूरअन्देशी हमेशा रंग लाती है। यहाँ भी क्यों न लाएगी? दो जोड़ीदारों ने कसकर जुगलबन्दी की और जमकर वफा निभाई। हल्ला हुआ मगर गजब यह कि न किसी ने एक-दूसरे के खिलाफ मुँह खोला और न उनके बीच कोई बदमजगी ही हुई।

इसे भला क्या कहते हैं—यह तो हम न कहेंगे क्योंकि यह शब्द भारतीय नैतिक मापदंडों के अनुसार अश्लील माना जाता है क्योंकि छिनाल से भारी पड़ता है। खैर साहिब इनसे विरोधियों को क्या लेना-देना—असल बात इतनी ही कि दो मशहूर शहराती इलाहाबादी और गाजियाबादी उस्तादों ने 'गल्लकड़ी' डाल देश के मशहूर संस्थान को भी भींचे रखा। श्रीमान आप हमारे लिए हम आपके खादिम आपके लिए। इस चक्रव्यूह को कोई भेद नहीं सका। बाहर अपने झंडे और अन्दर हम और आप महफूज बने रहें।

समझे साहिब, इसे कहते हैं अकलमन्द तरकीबों की सौदागरी। देखते-देखते सिरफिरे अदीबों की सम्मिलित कमाई को नीलाम कर दिया। हैरतअंगेज इतना ही कि यारों के याराने एक-दूसरे को जकड़े रहे मगर जाहिरा तौर पर एक-दूसरे से आँखें चुराए रहे।

विभूतिनारायण साहिब लेखकों के पास मसीही नहीं हुआ करती। इंसानियत के हक में सही-गलत, न्याय और अन्याय की शनाख़्त, क्या कहें, क्या ना कहें—की तालीम भर। ऐसे में अगर आप मदद के लिए छोटे-बड़े खुदरा बिचौलियों की मुँहदेखी, मुँहजोर लिहाजदारी की दलदल में फँस गए तो गए अपने लेखकीय वजूद की हिफाजत से। पुरजे-पेंचों के बल पर फिर हम तुम्हारे लिए, तुम हमारे लिए। भँवर में फँस गए तो साथ तैरेंगे या साथ डूबेंगे। हमारा वायदा रहा। पवित्र वफा के सूत्र में बँधे।

बरसों की पुरानी दोस्ती 'नये ज्ञानोदय' के बेवफाई अंक में ही वफा के काम आई। वह अलग बात है कि पिछली सदी वाली पुरानी बेवफाई की मसालेदार हंडिया बेवजह बेवक्त किसी रकीब के नाम पर उलटा दी गई। यह जरूर किसी तांत्रिक का नुक्ता होगा। पुलिस बहादुर की मदद से इस पलटवार की तकनीकी योजना बनाई-सजाई गई होगी। नये ज्ञानोदय के बेवफाई अंक की शुरुआत जिस खूबसूरती से की गई बेशक वह काबिले-तारीफ है। तीन मंजिला मुहब्बत की क्लासिक पेशकश। विशेषांक के कवर पर गम्भीरता में डूबा मानवीय आकार-चेहरा मौजूद है मगर पहचान गायब है। निर्जीव हथेलियों पर आँखों की पुतलियाँ जो पुरानी सदियों की बेवफाई को नई पैकिंग में बदल रही हैं, रोमांटिक बेवफाई की सम्भावनाओं को नए व्यावसायिक बही-खाते की बाजारू कीमत में बदल रही हैं।

यह बदलाव मामूली नहीं–इसकी संस्कारी गुणवत्ता को संचारित करने के लिए ही बेवफाई जैसे अंक की भूमिकाएँ जुटाई-बनाई जाती हैं। हमारा चालान कीजिए, अगर हम कुछ गलत कर रहे हों।

आपके बौद्धिक मंसूबों में नम्बर दो की खेमेबाजी की आहट है। हम इधर हैं और हम उधर भी हैं। जैसा वक्त लगे। बेवफाई फकत मनोरंजन का शगूफा नहीं, इसके द्वारा नए भूमंडलीय संस्कारों की पैरवी करने के लिए स्त्री नस्ल को संस्कारिता और नैतिकता की सीख दी गई है। पुलिस बहादुर इस रणनीति के मुताबिक तो दोधारू पलटवार किन्हीं ताकतवर रकीबों को पस्त करने को भी है।

गुस्ताखी माफ जो आलोचकीय विग पहनकर नया ज्ञानोदय को इंटरव्यू आपने दी और जिसे पुराने तजुर्बेकार, शोहरतयाफ्ता एडीटर साहिब ने बड़े कायदे से पेश किया है वह तो यकीनन बेमिसाल है और काबिलेतारीफ भी। मन्नू और राजेन्द्र का जो सुन्दर सगा चित्र उन्होंने इस अंक में जुटाया वह इस बात का गवाह है कि तथाकथित वफा और बेवफाई से अलग और आगे भी मानवीय सम्बन्धों में ऐसा कुछ गहरा जरूर घटित होता है जो लम्बे समय तक न भी खिंचे, फिर भी मौजूद रहता है। शिकवा-शिकायतों और उलाहनों में ही बीत नहीं जाता है। समय की तरंगों पर जीवित रहता है। साहिबे-तौफीक आलोचक का 'बेवफाई अंक' का इंटरव्यू बेमिसाल है और सम्पादकीय के मुताबिक बेबाक भी। हाई डिस्कोर्स ऐसा कि पहले आलोचकीय टिप्पणी फिर गुदगुदी च्यूटी नोंच। फिर मंजिले मकसूद तक पहुँचते न पहुँचते रामपुरी चाकू।

''सखियो, छिनालाओ, ललनाओ, छलनाओ यह न भूलो कि बिस्तर ही तुम्हारा परमधाम है। तुम आत्मकथाएँ लिख-लिखकर क्या करोगी? साहित्य में उसे कोई गरदानता नहीं। नाहक एडीटर, प्रकाशक और रिव्यूअर की खुशामद में हल्कान होती रहोगी। आखिर सैक्सी आत्मकथाएँ, कहानियाँ लिखने से आपको क्या हासिल होगा। सम्पादकों से बेकार की खुसर-पुसर, उनसे वक्त-बेवक्त मिलना, प्रकाशकों से खिच-पिच और घरवालों से तेवर-तिशनी। समझने की कोशिश करो सखियो, हमारी-तुम्हारी फितरत ऊपर वाले ने अलग बनाई है। हमें दी है बुद्धि, बौद्धिक क्षमता और तुम लोगों को बख्शीश किए हैं–सेक्स और भावना ताकि सृष्टि भर

के मानवीय परिवार की सेवा करो। गृहस्थी के काम-धन्धे से निबटकर 'नये ज्ञानोदय' के सात्विक पक्ष के प्रेम अंक, विवाह अंक, सगाई अंक और बेवफाई अंक पढ़ती रहो।

विश्व मानवीय परिदृश्य को दूर तक समझती जाओगी। हमलोगों की आजादी और अपनी पाबन्दियों का ध्यान बिसरा दो। जब कभी-कभार मौका लगे त्रिया चरित्रवाली कारस्तानियाँ करती रहो। तुम्हारा वक्त भी निकलता रहे और हमारा मनोरंजन भी होता रहे। हमारा आग्रह इतना ही कि अपनी चुहल को बरकरार रखो। बौद्धिक रचनात्मक दुनिया तुम्हारे बस की नहीं।''

दिलचस्प। हजूर आपके समाजशास्त्रीय डिस्कोर्स से तो लगता यह भी है कि आत्मकथाएँ, उपन्यास लिखनेवाली सालियाँ-सलहजें और भौजी-भावजें आपके बाँकपन के पैंतरे, उनकी देख-रेख निरख आपसे कुछ सीखने आ जुटती हों। आपकी मुद्राओं के चुनिन्दा लटके-झटके भी दोहराती हों—फिर भी उन नौसिखियों को डाँट, फटकार कर उन्हें 'छिनाल' शब्द से पुकारना—शायद लाड़ से ऐसा कह रहे होंगे!

साहिबे-तौफीक हम आपकी अदाओं पर तो कुछ न कह सकेंगे। आप ठहरे अन्तरराष्ट्रीय महात्मा गांधी विश्वविद्यालय के सुरक्षित कुलपति। सिर्फ इतना जोड़ेंगे कि आज के समयों में बेवफाई सिर्फ महबूबाओं और आशिकों के दरमियान ही सिर नहीं उठाती—न मियाँ-बीवी में ही—अब वह सरसराती है भाई-भाई के दिलों में, चचा-भतीजे, बाप-बेटे, सौतेली माँ-बेटे, सौतेले बाप और बेटी में सहयोगी और सहयोगी में भी चल निकली है बेवफाई। इसे समझना आसान है कि अब जब हमारे कई घरों में 'मेरे' बच्चे और 'आपके' बच्चे, 'हमारे बच्चों' वाली कहावत के मुताबिक साथ खेल रहे हैं तो इस नतीजे पर पहुँचना भी मुश्किल नहीं कि सामाजिक परिवर्तनों के बावजूद बेवफाई जैसे शब्दों का धन्धा पैसे से ही जुड़ा है। ऐसा न होता तो मूल्यों की सुरक्षा में कर्मरत एक संस्कारी प्रकाशन संस्थान पत्रिका के ऐसे विवादास्पद अंक के लिए सहमति प्रदान करता? वह भी स्त्री-लेखन की खिल्ली उड़ाने के लिए? बकौल आपके स्त्री जाति का परमधाम बिस्तर है। बुरा न मानिएगा आपका 'बेबाक' इंटरव्यू कई बार पढ़ने के बाद इस खाकसार की समझ में यही बैठा कि जनाब ने 'बिस्तरबाजी' शब्द के लिए ही स्त्री-लेखन को अपने इंटरव्यू में केन्द्रित किया है। अन्तरराष्ट्रीय

विश्वविद्यालय के वाइस चांसलर 'हाई-कास्ट' का बोझ ढोते-ढोते राष्ट्र के संविधानिक, लोकतान्त्रिक मूल्यों की अवज्ञा और अपमान करने लगे। जनाब ने फरमाया कि बेवफाई का उत्स है हिन्दी समाज का स्त्री-विमर्श। आपने आलोचकीय हस्ती के खुमार में यह भी ऐलान किया कि स्त्री-विमर्श शरीर पर केन्द्रित है। हजूर अपने गुरुभाई से पूछा होता कि तन्त्र के अनुसार तान्त्रिक चेष्टाएँ भी हमारे शरीर पर ही प्रकट होती हैं। बिचारा शरीर। आपके हाई डिस्कोर्स की वैचारिक डिस्कवरी में विपरीत विचारधाराओं और सांस्कृतिक खेमों का मिलावटी रसायन न होता तो आपके राजनीतिक रसूख और सयासी जोड़ को ध्यान में रखकर माननीय मन्त्री महोदय आपको माफी माँगने का आदेश न देते। उन्हें मालूम था कि साहित्य संसार का विरोध मात्र 'छिनाल' शब्द से नहीं–उसके सन्दर्भ से था जिसको लेकर वह इस्तेमाल किया गया था। इस नीम-समाजशास्त्रीय चिन्तन को क्या कहें जहाँ आज की भारतीय स्त्री को गर्म चूल्हे और गर्म बिस्तर का ही प्रतीक मान लिया गया हो। क्लासिक नजरिया। 'नजर लागी सैंयां तोरे बँगले पर' की छिनाला स्थिति। आपके अनुसार बाकी रही मध्यवर्गीय शिक्षिताएँ। स्वच्छन्द मुक्ति की राह पर आपके शब्दों में वह व्यक्तिगत सम्पत्ति या क्रयशक्ति की मालकिन होती जा रही हैं। धर्म द्वारा प्रतिपादित वर्जनाओं से दूर हो रही हैं और उनमें लुत्फ लेने की प्रवृत्ति बढ़ रही है।"

मतलब यह कि आपके जायजे के अनुसार हिन्दुस्तानी 'छिनाल ब्रिगेड' की लेखिकाएँ वह कर रही हैं जो उन्हें नहीं करना चाहिए। गुस्ताखी माफ वी.सी. साहिब आप साधु-सन्तों और धर्माचार्यों वाली अदाओं में प्रतिक्रियावादी विचारधारा को प्रवाहित कर रहे हैं।

आप ही के अनुसार जिस पुरुष के पास व्यक्तिगत सम्पत्ति और आय के स्रोत हैं वह औरतों को नचाकर आनन्द ले सकता है। उन्हें रखैल बना सकता है। बेवफा के तौर पर उन्हें अपनी फैंटेसी में शामिल कर सकता है।

हजूरेआला आपकी साफगोई और लेखकीय अभिव्यक्ति की दाद देनी पड़ेगी। दरअसल यह आपके हक में होता अगर आप इतनी ही सयानफ से छिनालाओं के मनोविज्ञान का भी निस्तारा कर लें। आप जैसा सुशिक्षित नागरिक अगर स्त्री-लेखन समूह को पुराने जमानों की जनाना ड्योढ़ी की तरह सम्बोधित करता है तो उसकी प्रतिकूल प्रतिक्रिया होनी लाजमी क्यों न होती? आप जैसे नागरिक अधिकारों से

लैस स्त्री नागरिक के 'स्व' को चुनौती देना अनजाने ही पुरुष पक्ष के मनोवेगों की गुत्थियों और ग्रन्थियों को ही प्रकट करता है। पुरानी ऊँची भंगिमाओं से उन्हें दलित समझकर उनका अपमान ही करता है।

बिला शक साहित्य संसार में सिरजित साहित्यिक विरासत पर पुरुष का वैशिष्ट्य बहुत पुराना है। उसकी शैली, कथ्य और पाठ्य-सामग्री पर उसका वर्चस्व रहा है लेकिन आज के समय में विश्व-भर की इंसानी बिरादरी, शिक्षा और आर्थिक स्वतन्त्रता ने पिछड़ों के लिए नए आयाम खोल दिए हैं। उनकी महत्वाकांक्षाओं, रचनात्मक ऊर्जा को उत्साहित करने के बजाय उन्हें झाड़ना-फटकारना कहाँ तक वाजिब है। वी.सी. साहिब अदना-सा लेखक होने के नाते हशमत आपका ध्यान इस ओर दिलाना चाहते हैं कि ज्ञानपीठ सम्मान के न्यास के न्यासी के रूप में आप इतनी तंगदिली, संकीर्णता और पूर्वग्रहों से लैस होकर स्त्री-लेखक समूह पर ऐसी नावाजिब छींटाकशी करने का मौका क्यों ढूँढ़ने लगे? क्या ज्ञानपीठ सम्मान के लिए यह कोई नई भूमिका बाँधी गई है या यह स्त्री-साहित्यकारों को इस सम्मान से च्युत करने की बौद्धिक साजिश है? क्या सचमुच आप यह नहीं जानते कि न्यासी होने के नाते आपकी यह नैतिक जिम्मेवारी बनती थी कि आप अपनी निज की रुचि, साहित्यिक झुकाव और आलोचकीय विवेक का सार्वजनिक रूप से इकतरफा प्रदर्शन न करें।

निश्चय ही ज्ञानपीठ जैसे न्यास में साहित्यकारों और साहित्यिक मूल्यों की नुमाइंदगी करते हुए आपको मन्त्री महोदय के सुझाव पर माफीनामा के रुक्के के बदले लेखकीय गरिमा की सुरक्षा करते हुए अपना इस्तीफा पेश करना चाहिए था। लेखकीय पक्ष की गरिमा बचती क्योंकि आप लेखकीय बिरादरी के सामने जवाबदेह थे। आपको यह मुगालता कैसे हुआ कि लेखक बिरादरी हरी पत्ती खाए हुए है और इसलिए आपके विरोध में उठ खड़ी हुई है।

यह विरोध आपके दकियानूसी वैचारिक प्रतिमानों के खिलाफ था जो आज भी लिंगभेद, जातिभेद और वर्गभेद को ऐसी रणनीतियों से बढ़ावा दे रहे हैं। सनद रहे कि आपकी या ज्ञानपीठ की मुखालफत मात्र 'छिनाल' शब्द के लिए नहीं हुई—उस रुढ़िगत मर्दाने दृष्टिकोण के लिए हुई है जो हिन्दी लेखिकाओं की रचनात्मक ऊर्जा को, उनकी कृतियों की साख को बाजार में नुकसान पहुँचाने की हर कोशिश कर रहा है। ज्ञानपीठ न्यास का सदस्य होने के नाते आपने इतना जानने की जहमत

भी क्यों नहीं उठाई कि कानून के मुताबिक लेखन एक बौद्धिक प्रक्रिया है, साथ ही मेहनत-मजदूरी भी। किसी भी मेहनत-मजदूरी के लिए मेहनताना प्राप्त करने का नियम है। इसीलिए प्रकाशित कृतियों के लिए रॉयल्टी का प्रावधान है। मालूम नहीं इस कांड के बाद भी आपको इस बात का अहसास हुआ है कि नहीं कि आपके इस अनाधिकार आलोचकीय डिस्कोर्स ने भी लेखिकाओं के प्रकाशकों और पाठकों के बाजार में उनके अधिकारों का हनन किया है और उनकी रचनात्मक निजता का अतिक्रमण भी।

बहरहाल आपसे इजाजत लेने से पहले इतना ही कि साहित्यकारों के बड़े प्रबुद्ध समूह से अलग आप अब भी उन्हें दलित समझकर छिनाल स्त्री लेखिकाओं के नाम से पुकारना चाहते हैं—अपने बौद्धिक वर्चस्व की सुरक्षा के लिए तो आपकी प्रगतिशील संहिता जरूर सकुचाएगी। इस प्रसंग में जो खुलासा निकला वह इतना ही कि आपने बेबाक इंटरव्यू की सतह तले और स्तर के ऊपर जो भी सुरंगें बिछाईं—उनका मकसद निहायत किसी न किसी से व्यक्तिगत हिसाब-किताब चुकाना ही था। वह साहित्यिक शिष्टाचार, भाषायी शालीनता और लोकतांत्रिक मूल्यों के विपरीत था।

सच पूछिए आपकी 'बेबाक' इंटरव्यू की सतह के नीचे और सतह के ऊपर तथाकथित हाई डिस्कोर्स के बहाने व्यक्तिगत हिसाब-किताब ही चुकता किया गया है। क्या सचमुच अदब और अदीबों में भी सयासी हत्थकंडे चलाने जरूरी हैं। वैसे कभी देर तक किसी के हाथ की गिल्लौरियाँ खाने के बाद बेकार की नौबत आ जाए तो आपसी रंजिशों को सुलझाने के बहुत ही कारगर और सादा नुस्खा पेशे-खिदमत हैं। इस घिसे-पिटे शेर की शक्ल में—

बाज आए
मुहब्बत से
उठा लो
पानदान अपना।

पतझरी मौसम में कोई ठिया न रहे और लेन-देन साफ मुहब्बत पाक हो जाए तो यह शेर इतना कारगर होता है कि बाइज्जत सब समेट लिया जाता है।

बहरहाल आपसे इजाजत लेने से पहले हशमत महाकवि रविन्द्रनाथ ठाकुर के

शब्द दोहराना चाहेंगे ताकि इस लम्बी इकतरफा गुफ्तगू के बाद हम और आप इस बात पर सहमत हो सकें–

''साहित्य शब्द से साहित्य से मिलने का भाव देखा-जाना जा सकता है। यह केवल भाव से भाव, भाषा से भाषा, ग्रन्थ से ग्रन्थ का मिलन भर नहीं है अपितु मनुष्य के साथ मनुष्य का, अतीत के साथ वर्तमान का, दूरी के साथ निकटता का अन्तरंग मिलन भी है। साहित्य के अलावा यह किसी अन्य में सम्भव नहीं है।'' यही कारण है कि समाज के उत्थान अथवा पतन में साहित्य का बड़ा योगदान है।

('साहित्य की भूमिका और समाज का दायित्व'
राजभाषा भारती, डॉ. आर वासुदेवन, अंक अप्रैल-जून, 2010)

रूढ़िगत मानसिकता से उबरकर हम मानवीय सम्बन्धों की अन्तरंगता को परिवर्तन की चौखट से क्यों न देखे। इंसानी नस्ल की घटित होनेवाली ऊर्जा को, साहित्य के सर्जनात्मक पक्ष को भी दो भागों में, दो फाँकों में क्यों बाँटें। अगर बाँटें भी तो एक को 'हाई कास्ट' और दूसरे को 'लोअर-कास्ट' डिस्कोर्स में क्यों विभाजित किया जाए? मानवीय लोकतांत्रिक मूल्यों की भाषिक संरचना और अभिव्यक्ति के लिए जरूरी है कि कथ्य और शिल्प, सेक्स और यौनिकता के परम्परागत सामाजिक, संस्कारी और नैतिकता के पैमाने बदलें। विविध कार्यक्षेत्रों, धन्धों और अनुशासनों में बराबरी और यकसांपन लागू हो। संविधान द्वारा मिले नागरिक अधिकारों की नैतिक संहिता मान्य हो। बिस्तर को केवल स्त्री का ही परमधाम समझकर उसका और 'सेक्स' का अपमान न हो। कत्ता कलाम माफ पुलिस बहादुर आपका खुला प्रगतिशील दृष्टिकोण हमें आज भी भूला नहीं। मालूम नहीं पटरी कैसे बदल गई। कहीं कोई सयासी दबाव या सोहबत का असर होगा। जो भी कार्यकारी बौद्धिक समूह साहित्य सृजन में साझेदारी करता है–अपने स्वत्त्व की, निजता और अभिव्यक्ति की सुरक्षा करना चाहता है जो उसका पैदाइशी हक है। अपने दिल से यह मलाल निकाल दीजिए कि यह एक साजिश थी जो आपके रुतबे के खिलाफ की गई थी। इस घटना के बाद यह अहसास तो आपमें जरूर जगा होगा कि प्रबुद्धों की बिरादरी में अभी भी ऐसे लोग मौजूद हैं जो तमाम

सयासी और प्रशासनीय धाँधलियों के बावजूद सही और गलत में फर्क करते हैं। गलत को सही मानने से इनकार करते हैं।

आलोचना के शाश्वत मुखौटों और सम्पादकीय अंखौटों के बल पर जिन भी नागरिकों के अधिकारों पर आप हाथ डालेंगे, उनका अपमान करेंगे वह प्रतिक्रियास्वरूप अपना दृष्टिकोण क्यों न प्रकट करेंगे। आज के सयासी और व्यवस्था के अहंकारी रवैये के बावजूद हमारे लोकतन्त्र में ऐसा कुछ जरूर बचता है जो सही को सही और गलत को गलत समझ सके। बावजूद इसके कि साहित्य संस्थानों में ऐसे सयासी दादा गुरुओं की भी कमी नहीं जो 'सेक्स' को साहित्य सीमाओं से बाहर कर उसकी जगह सत्संगी अखाड़े को देना चाहते हैं। ऐसे में आपकी मरदानी अवधारणाओं वाली इंटरव्यू स्त्री-पुरुष लेखन की क्षमताओं को दरकिनार कर खुल्लम-खुल्ला स्त्री की सृजन-अभिव्यक्ति को विश्वासोत्पादकता की निम्न कोटि का समझकर उनके साहित्य को हरिजन बस्ती में स्थान देकर अपनी पुरानी मूँछों की कीमत वसूल करे। घोटालों की बात दूसरी है। वहाँ आप अपनी पैरवी में यह तक कह सकते हैं कि हम आपसे रिश्वत माँगने न आए थे–आपने हमें इतना नांवा क्यों दिया। हजूर मानकर चलिए और खुश होइए कि ऐसी प्रदूषित आबोहवा में भी लेखकों की प्रतिबद्धता सिर्फ आर्थिक लाभ और व्यक्तिगत अहम के प्रति ही नहीं साहित्य की सैद्धान्तिक आस्थाओं के पक्ष में है। ऐसे राष्ट्र का लेखक समाज ऐसी प्रतिक्रियावादी सयासी खोमचेबाजी को लेकर सजग है।

अजीज,

इत्मीनान से अपने वी.सी. कक्ष में बैठकर लेखिकाओं की इस सूची पर ताजी निगाह डालने की तकलीफ करें और सार्वजनिक रूप से बताएँ कि औसतन इस स्त्री-लेखन समूह का रचनात्मक स्तर आपके साहित्यिक मानदंडों से कितना नीचे है। क्या ये गर्म फुल्कियाँ बनाने और कशीदा काढ़ने के ही काबिल हैं–

महादेवी, विद्यावती कोकिल, शिवानी, मृणाल पाण्डे, मन्नू भंडारी, राजी सेठ, नासिरा शर्मा, ज्योत्सना मिलन, प्रभा खेतान, चन्द्रकिरण सौनरिक्सा, मंजुल भगत, दिनेशनन्दनी, मृदुला गर्ग, कुसुम कुमार, गेहरुन्निसा परवेज, महुआ माजी, चित्रा मुद्गल, ममता अग्रवाल, कान्ता भारती, कमल कुमार, सिम्मी हर्षिता, कुसुम अंसल, पद्मा सचदेव, अर्चना वर्मा, गीतांजलि श्री, अलका सरावगी, कुसुम खेमानी, सारा राय,

चन्द्रकान्ता, सुकृता पाल, सुधा अरोड़ा, जया जादवानी, मधु कांकरिया, नीलेश रघुवंशी, गगन गिल, इन्दु जैन, कात्यायनी, सविता सिंह, सुनीता जैन, तेजी ग्रोवर, शीला सिद्धान्तकर, अलका मिश्रा, त्रिपुरारी शर्मा, रंजना शैल, मालती जोशी, कुमारी नूर, सुलोचना रांगेय राघव, शरद चन्द्रा, रजिया तहसीन, अनिता सबरवाल, निर्मला जैन, रोहिणी अग्रवाल।

चान्सलर साहिब इन कलमवाली छिनालाओं के नाम तो बहुत तेजी से उभर रहे हैं। लोकतन्त्र की नागरिक होने के नाते शिक्षित हो रही हैं। शिक्षित होना सिर्फ जिन्दगी का लुत्फ उठाना ही नहीं होता है। लुत्फ उठाना भी होता है। क्या बताने की कोशिश करेंगे कि इन गुमराह लेखिकाओं और उन द्वारा रचित कृतियों की उपस्थिति साहित्य के साँझे क्षेत्र से बाहर पड़ती है रेड-लाइट एरिया की तरह!

साहिबे-तौफीक साहिबे-तालीम कहीं कुछ गड़बड़ है। वक्त को गलत पढ़ा जा रहा है। अब सोशियोलॉजी, सेक्सुअलिटी और सेक्स को नए सन्दर्भों में पढ़ने की जरूरत है। पिछली शताब्दियाँ गुजर चुकी हैं।

देवेन्द्र इस्सर

याद कीजिए उन दिनों को भी

राजधानी दिल्ली पर मानसून की पनीली बौछार। गर्जन-तर्जन के साथ बिजली की कड़क और झम्मा-झम्म शोरीला टपका पड़ने लगा।

हशमत ने उठकर परदे खींचे और खिड़की के पट खोल दिए। इन भरपूर हवाओं से क्नॉट प्लेस के बरामदे याद हो आए और उम्र के इस पतझरी मौसम में पिछली शती की याददाश्त की पुरानी फाइल खुल गई। बीती हुई तारीखों की तरह ताजे चेहरे ऐसे बारी-बारी से दीखने लगे जैसे नोरमैन मैकलैग्न का कोई एनीमेटेड फिल्म-स्ट्रिप हो। कागज पर हाथ की छुअन और एक-से-एक चेहरा और दृश्य रूपायमान। ऐसी ही तेज बरसात में विज्ञान भवन की वह जगमगाती शाम। प्रवेश-द्वार से खुलते गुँथीले कार्पेटेड लम्बे गलियारे में रंग-बिरंगी साड़ियाँ और सफेद महीन उज्ज्वल खादी में हिन्दी पट्टी के साहित्य-प्रेमी। मन्त्रालयों के मँझोले अधिकारी अपने हस्ताक्षरों की ताकत से लैस एक साथ गर्वीली और विनम्र मुद्रा में और सजीले दीखते स्वतन्त्र भारत के नए नागरिक अन्तर्राष्ट्रीय लिबास में खादीवालों के साथ तनिक-सा दब कर चल रहे हैं। नए वक्त का तकाजा। कदमों के साथ कदम मिलाते दोस्तों से अभिवादन! नमस्कार, नमस्कार!

हमारी दाईं ओर चल रहे हैं 'हिन्दुस्तान टाइम्स' के द्वारका कल्हण और प्रमिला कल्हण। बाईं ओर कदम बढ़ा रहे हैं करतार सिंह दुग्गल साहिब और उनकी बीवी साहिबा, आयशा। हम सभागार में दाखिल हुए। पैसेज में आगे बढ़ रहे हैं जैनेन्द्र जी और भगवतीचरण वर्मा। उनके आगे खड़े हैं अज्ञेय और कपिला।

तनिक हटकर खड़े हैं सत्यार्थी और मेरठ की कमला चौधरी। उन दिनों उनका

एक मिसरा बहुत मशहूर था जो उन्होंने किदवई साहिब के बारे में कहा था—

खरामा खरामा चले आ रहे हैं,
सियासत के गामा चले आ रहे हैं।

अशरर प्रभाकर माचवे और विष्णु प्रभाकर को हाथ से संकेत दे रहे हैं। आप आइए—हमें इशारा किया गया एक भरी-पूरी पंक्ति के किनारे की अन्तिम सीट की ओर! जहाँ हशमत बैठे वहाँ देवेन्द्र इस्सर साहिब तशरीफ रखते थे और उनके साथ थी मादाम इस्सर। राजधानी की साहित्यिक बैठकों में हम देवेन्द्र इस्सर साहिब को दो-चार बार मिल चुके थे। मुख्य अतिथि की प्रतीक्षा में साहित्य-संस्थान के कार्यकर्ता और अशरर चौकन्ने हो अपना और सभागार का निरीक्षण कर रहे थे!

हमने उनकी पोशाकों पर नजर मारी। जरूर हम कुछ शरारती मूड में होंगे। देवेन्द्र साहिब की ओर झुककर धीमी आवाज में कहा—अशरर सरकारी पूल से नहीं। हाँ, इनकी कीमती सूटिंग की तो तारीफ करनी होगी। मगर अफसोस दिल्ली के दर्जियों ने सिलाई का क्या हाल किया है।

देवेन्द्र जरा मुस्कराए—माफ कीजिएगा, आपकी बात ठीक से समझा नहीं।

गौर से देखिए—कोई पैंट पीछे से ढिलक रही है—कोई कोट आगे से उठ रहा है। लगता है जैसे किसी दूसरे के सूट को कतर-छाँटकर बिना माप के ही दूसरे के लिए तैयार कर दिया हो।

देवेन्द्र जैसे कुछ सोच रहे हों।

हम नतीजे पर पहुँचने को ही थे कि हजरत हमारा मजाक नहीं समझे, देवेन्द्र ने बड़ी गम्भीरता से कहा—दर्जियों की लापरवाही नहीं। यह मसला कुछ दूसरा है।

मसलन—

यह हमारी असली घी की हिन्दुस्तानी खुराक का नुक्स है।

दोस्तो हशमत हैरत में आ गए। जो सिरा हमने अपने हाथ में रखा हुआ था इस्सर साहिब ने उसी का खुलासा कर दिया। हम दाद देना चाहते थे कि मुख्य अतिथि मंच पर पधार गए।

सभा विसर्जित होने के साथ ही हम लोग एक-दूसरे से आगे-पीछे हो गए। मगर उस शाम के बाद इतना हुआ कि पत्र-पत्रिकाओं में जब भी देवेन्द्र इस्सर कहानी में प्रकट होते या उर्दू साहित्य पर टिप्पणी करते तो हम पढ़ना न भूलते। लगता हिन्दी-उर्दू के घुले-मिले सांस्कृतिक परिवार में पहुँच गए। अहसास यह भी होता कि इस्सर के शब्दों के पीछे से हमसे बिछुड़ा हुआ हमारा वतन भी झाँक रहा है। जब कभी उनसे मुलाकात होती उनके ठंडे गैरपंजाबी मिजाज को देखकर कुछ अटपटा लगता। न हिन्दी लेखक वाली अतिरिक्त विनम्रता और न उर्दू वाली खड़ी शायस्तगी। एक खास तरह की समझदारी जो उन्हें पंजाबी बड़बोलेपन से दूर रखती। पाकिस्तान से आए अदीबों के कबीले में वह अल्पसंख्यक ही लगते। बँटवारे के जिस दौर में से भी गुजरे हों, उन्होंने उन जख्मों की गठरी बाँधकर किसी अँधेरे कोने में रख डाली हो—कुछ ऐसा ही आभास होता।

देवेन्द्र इस्सर की दास्तान कुछ ऐसी बनी कि पैदा होने से पहले ही फैसला कर रखा हो कि जन्म लेना है तो ठीक पंजासाहिब की चट्टान तले और पहली बार आँखें खोलनी हैं तो वह भी ऐसे रक्तरंजित इन्कलाबी दिन में जिसके गर्भ में दो मुल्कों के भविष्य का इतिहास लिखा पड़ा हो। 14 अगस्त। उधर जद्दी पुश्ती वतन का नया वजूद, नया नाम पाकिस्तान और इधर आजादी और तिरंगे वाला हिन्दुस्तान।

> "मुझे याद आते हैं वे दिन जब मौत हमारे सिरों पर मँडरा रही थी। विभाजन हो चुका था। हम सवारी गाड़ी में, मालगाड़ी में जानवरों की तरह एक-दूसरे से लगे हर साँस के साथ मर रहे थे और मरते-मरते बच रहे थे। गाड़ियाँ कट रही थीं। क्या हमलोग जिन्दा वहाँ पहुँच सकेंगे जो

> अब हमारा वतन होगा? आखिर हम पहुँचे। रास्ते के खतरों में सैकड़ों बार मरते–फिर भी साँस लेते।''
>
> *('खुशबू बनकर लौटेंगे')*

दोस्तो, हाड़-मांस का कोई भी इनसान जो उन खौफनाक खूनी रास्तों को लाँघकर जिन्दा बच निकला हो, वह कभी भीष्म साहनी बन जाता है, कभी मंटो, कभी देवेन्द्र इस्सर और कभी इन्तजार हुसैन।

हम जहाँ भी पैदा हुए हों उस धरती को अगर अलविदा कह चुके हैं तो वह गम हमारी रूह के आसपास साँस लेता रहेगा।

मुलाहिजा हो देवेन्द्र इस्सर अपनी जन्मभूमि को याद करते हुए क्या कहते हैं–

> ''हर नगर में गलियाँ, कूचे होते हैं। ईंट-पत्थर के मकान होते हैं। बिजली के खम्भे होते हैं। लोग होते हैं। कैम्बलपुर में बड़ी और सुन्दर इमारतें मौजूद हैं लेकिन दोस्तो, कहाँ है वह गली जिसमें किसी दीवार के साये में छिपकर किसी से मिलने की इन्तजार की जाती थी। वह सड़क कहाँ है जो स्टील की साइकिल पर भी दिल की धड़कन तेज करती थी। वे सीढ़ियाँ जिन पर गुमसुम बैठे सरगोशियाँ हो जाती थीं। क्या कहेंगे हम इन्हें।''

सच है निर्वासन सिर्फ किसी देश से बाहर निकाले जाने का नाम नहीं।

दोस्तो, कैम्बलपुर, पाकिस्तान से लिखा हामिद बेग साहिब का निहायत सादा सरल लेकिन क्लासिक की हद तक पुरअसर खत भी आपसे बाँटना चाहेंगे जो उन्होंने देवेन्द्र इस्सर को लिखा–

> "मेरा यह घर अब आपका घर है। आप जब चाहें बेगम साहिबा और बच्चों के साथ तशरीफ लाएँ। दीदा दिल फराशे राह। बहुत खुशी होगी। आप लिखिए आपका घर किस जगह था। मकान की पहचान लिखिएगा।
>
> आपका
>
> मिर्जा हामिद बेग
>
> 12.06.1989

हम हशमत

जिस गहराई से परायेपन के पुराने अपनत्व से मकान की पहचान पूछी गई है वह बिना राहदारी के दो मुल्कों के बाशिन्दों को एक-दूसरे के सामने खड़ा कर देती है। घर जो कभी उसका था—वह अब इतिहास की अवधि में आ चुका है। अब तो उस इबारत को छुअन की तरह बस छू भर लेना है। इससे कुछ भी ज्यादा सोचा तो किसी पुराने आख्यान का धुँधलका घेर लेगा।

इलाहाबाद विश्वविद्यालय में दाखिला लेने के समय देवेन्द्र इस्सर से पूछा गया—

क्या तुम्हारे पास कोई गवाह, कोई कागज, पत्र...प्रमाण है, है क्या? तुम्हारा दाखिला कैसे हो सकता है।

– नहीं, मेरे पास कुछ नहीं है। न कागज, न पत्र, न प्रमाण और न कोई गवाही, न नाम, न घर, न देश। मेरा नाम, मेरा चेहरा सब कुछ रेखा के उस पार रह गया है जो सियासतदानों के हाथों कागज पर खिंची भूमि पर उतरी और दिल को चीरती हुई निकल गई।

इलाहाबाद विश्वविद्यालय में दाखिला न मिलने पर वहाँ के ढाबे के सहृदय मालिक पांडे साहिब ने देवेन्द्र की मदद की। रहने की कोई जगह नहीं थी सो ढाबे में ही रिहाइश भी। रात को बैंच, कुर्सियाँ इकट्ठी की जातीं और फर्श पर रात कटती।

सियासत, विभाजन, नागरिक और सरकारें, वह जो का जो करें पर जब अपनों की बन्दिशें टूटती हैं—दिलों के खाके बदलते हैं तो उसके उजाड़ की दास्तान खुदा जाने।

क्नॉट प्लेस की गहमा-गहमी में एक शाम हमने दोस्त इस्सर को गहरे कोहरे में भटकते देखा। सूरत पर जैसे दूसरे किसी की तसवीर चिपकी हो। ऐसा लगा जैसे तबादले के बाद कोई फिर पुराने शहर में आए और हर किसी को नए शहर की निगाह से देखने लगे। कुछ ऐसे कि अब यह शहर मेरा नहीं—पराया है। अपनों का नहीं, किन्हीं दूसरों का।

इत्तेफाक ही था कि हम वेंगर्स के बरामदों को पार कर दोराहे पर आए और डिवाइडर से मस्जिद के सामने पहुँच गए। देखा दोस्त बेखबरी-सी में मरीना की ओर देख रहे हैं। किसी की इन्तजार में होंगे, यह सोचकर हम आगे बढ़ गए। गलगोटिया पर 'न्यू अराइवल' देखे—आखिर में जो सरकारी प्रकाशन हमें चाहिए

था, उसकी माँग की। मालूम हुआ वह हमें जैन बुक डिपो से मिलेगा। हम बाहर निकले, देखा देवेन्द्र बरामदों के बाहर वाली पटरी पर खड़े हैं।

हम मन ही मन हँसे। लेखक मित्रों के संग वक्त तय करने का यही हश्र हुआ करता है। बस नहीं मिली—वहीं खड़े-खड़े सुरेश मिल गया। अब पैदल चले आ रहे हैं। चलो यार अब इसे भूल भी जाओ। बहानों में हमारे बुद्धिजीवियों का कोई जवाब नहीं।

हम जैन डिपो से किताब खरीद कर वोल्गा की ओर लौट आए। देखा इस्सर अब गलगोटिया के सामने खड़े हैं। उसी तरह बेखबर। पथरीली-सी नजर देखकर शक हुआ कहीं देख भी रहे हैं कि नहीं। वह हैं कहाँ, इसका अता-पता शायद उन्हें भी न था। हम जान सकें या पूछ लें, इतना परिचय हमारा उनसे नहीं है। हम कुछ दोस्तों से मिल रहे थे सो हम वोल्गा में चाय की मंडली पे शामिल हो गए। अगले दिन हमने फोन किया—कल हमने आपको क्नॉट प्लेस में देखा था—

अच्छा। इसके आगे और कोई जवाब नहीं था। सिर्फ लम्बी खामोशी।

दोस्तो, हशमत को मशवरा देने की न कोई तालीम है, न सलीका। इस्सर पर उस शाम का मनहूस साया देखकर हम उनसे इतना भर कहना चाहते रहे कि अपने पर इतना संयम भी न रखो कि कोई तुम्हारे अस्तित्व पर, रूह पर सेंध लगाने की हिमाकत कर ले।

इस लम्बी खामोशी ने हमें परेशान किया। मगर हम सोचा किए कि उस शाम क्नॉट प्लेस के बरामदे में दूसरों से बेखबर इस्सर पर जाने क्या तारी था। और क्यों? नौकरी और रोजमर्रा के पारिवारिक तनाव तो इस गम का मुखड़ा नहीं उघाड़ते। वह तस्वीर हमें परेशान करती रही मगर हम चाहने पर भी देवेन्द्र से कुछ पूछ नहीं सके। ऐसे हादसे हम सभी के साथ होते रहते हैं और अपनी ही जुगत से हम खुद-ब-खुद इनसे उबर भी जाते हैं।

मुलाहिजा हो यही इस्सर तन्हाई के बारे में क्या कहते हैं।

> ''सवाल तन्हाई का है। तन्हाई दूसरे लोगों से अलग होने में नहीं। वह अपने ही ढंग से दूसरों की फितरत से गहरे तक जुड़ी है। मैं अपनी रूह के आसपास उधड़ी सीवनों और रफू के होते भी अपने समय में साँस लेता हूँ। मेरी दुनिया उनसे है जो मेरे साथ सफर कर रहे हैं।''

जाहिर है अपने एकान्त से गुँथा व्यक्ति ही इतनी सफाई से अपने आन्तरिक और बाहर को देख सकता है। अपने लेखकीय पक्ष में दोनों में सन्तुलन बिठा सकता है। दोस्तो, ऐसी सोच पीछे नहीं आगे देखती है और कुछ ऐसा व्यक्त करती है जो दूसरों को भी आश्वस्त करता है।

हम जानते हैं देवेन्द्र इस्सर एक घाट पर खड़े-खड़े मात्र एक धारा या यूँ कहें विचारधारा का बहाव नहीं देखते रहे। आजादी के बाद उभरे भारतीय समाज के सांस्कृतिक और राजनैतिक रंगों और प्रतीकों के कई उत्थान-पतन और उलटफेर भी देखते रहे हैं। इलाहाबाद विश्वविद्यालय में पढ़ते हुए उनका कमरा जो हकीकत में एक ढाबा ही था—लाल कमरे के नाम से मशहूर था। यह भी जानना कम दिलचस्प नहीं कि एक जुलूस में प्रदर्शनकारी की हैसियत से वह अन्दर की हवा भी खा चुके हैं। वाम क्रान्ति के लाल रंग और लाल सलाम से वह गांधी तक कैसे पहुँचे—सफर कितना छोटा या लम्बा था, यह अन्दाजा तो देवेन्द्र इस्सर को सुनकर, उनके विवेक और लचक को जानकर ही लगाया जा सकता है। मिजाज वक्त के बेरहम थपेड़ों से बारीक छननी में जरूर छना होगा। जो खुशकिस्मत किन्हीं अपने-परायों की कीमत पर स्व, स्वार्थ की सुरक्षा के लिए छीना-झपटी में अपनी मंजिलों तक पहुँच जाते हैं, उनकी ख्वाहिशों की क्यारियाँ लहलहाती हैं, हवा में लहराती हैं। जो भूचालों और जलजलों में से बचकर निकलते हैं, वह बिना ललक, लालच और हुड़क के जो भी द्वार तक पहुँच जाए उसे स्वीकार करते हैं। दोस्तो, ऐसा कहते हुए हम खुद ही खुद को खासा पिछड़ा हुआ महसूस कर रहे हैं। आज की तारीख में भला ऐसा अहमक हमारी पुरानी पीढ़ी के सिवाय और कहाँ होगा जो आज की तारीख में इस सिदक वाले भारतीय दर्शन से प्रेरणा लेता हो।

लीजिए, अपने को, पिछली पीढ़ियों को 'पुराना' करार देते ही कोई पुरानी शाम याद हो आई है। हम कुछ तथाकथित लेखक और पाठक स्टैंडर्ड रेस्तराँ के इकोनमी हॉल में बैठे अदब पर गहरी चर्चाएँ कर रहे थे। एक ही चौकोर टेबल पर इलाहाबाद, लखनऊ, दिल्ली और अम्बाला मौजूद। एक-दूसरे के शहर पर दोस्ताना फब्तियाँ कसी जाने लगीं।

हशमत हाल ही में इलाहाबाद से लौटे थे। वहाँ की साहित्यिक गहमा-गहमी और लिखाड़ियों की रचनाओं पर यारों की छींटाकशी और सिविल-लाइन कॉफी हाउस

में चेहमेगोइयाँ उन दिनों भी चालू थीं। अब तो हमें कहना होगा कि उस पुराने जमाने में भी साहित्यिक दोस्तियाँ और दुश्मनियाँ एक-दूसरे के रास्ते काटती रहती थीं। उन दिनों भी बुजुर्ग लेखकों और विभागाध्यक्षों की खुशामद, चापलूसी जारी थी। पर आज की-सी अदबी दलाली शुरू नहीं हुई थी। नए-पुराने के बीच की अलहदगी के बावजूद कुछ ऐसा भी था जो ऊपर से यकसाँ बना रहता। फिर एकाएक शुरू हुआ 'नए गुस्सीलों' का नया अन्दाज। बहाने से एक दूसरे को उकसाना-दबाना, उनसे कुछ ऐसा कहलवाना जिस पर शोखियों को फलाँग कर अगले को ठंडा कर दिया जाए। यहाँ भी कुछ ऐसा ही होनेवाला था कि इस्सर ने दानाई से हमसे पूछ लिया—क्या बलवन्त सिंह साहिब से भी मुलाकात हुई!

– जी हाँ, हम उन्हें उनके होटल में जाकर मिले।

– आपकी तारीफ करनी होगी हशमत साहिब। वहाँ की अँधेरी सीढ़ियाँ खालाजी का घर नहीं।

– सही कह रहे हैं इस्सर साहिब। यह तो ताँगेवाले बड़े मियाँ हम पर मेहरबान थे कि हमें बलवन्त सिंह साहिब के कमरे तक पहुँचा कर आए। फिर जाती बार हमें कड़ी आवाज में ताकीद की कि हम कहे देते हैं हम सिर्फ पन्द्रह मिनट रुकेंगे और आपको छोड़ते हुए घर जाएँगे।

हम समझ गए, बड़े मियाँ अब्बाजान के अन्दाज में हमें यह हुक्म देकर क्यों गए हैं।

वह बन्द कोठरियोंवाला बलवन्त सिंह साहिब का होटल।

बड़े मियाँ वक्त पर हमें लिवाने आ गए। हम ताँगे में बैठे तो बोले—हजूर आपने बुरा तो नहीं माना। यह जगह आपके लायक नहीं थी।

इस पर मेज पर से ही एक घिसी-पिटी आवाज ने एक अधपका कहकहा लगाया। बहुत खूब—यह बताइए कि फिर आप दूसरे किस होटल में तशरीफ ले गए?

हशमत ने कड़ी निगाह से देखा और बड़ी हलीमी से पूछा—क्या आपने बलवन्त सिंह साहिब, अश्क या मंटो को पढ़ा है। नहीं न, जरूर पढ़िए।

उस अश्लील हँसी को पोंछ देने को हम देवेन्द्र साहिब से मुखातिब हुए। इत्तेफाक ही समझिए, हम बरसों पहले उस शाम भी इलाहाबाद में थे जब मंटो के जाने की

खबर मिली। बलवन्त सिंह, भैरव प्रसाद, हुनर साहिब एक के बाद एक लेखक इकट्ठा होने लगे। ऐसे जैसे परिवार से कोई अपना ही जुदा हुआ हो। शोकसभा चौक में रखी गई थी। रिक्शाओं की लम्बी कतार अश्क जी के यहाँ 5, खुसरोबाग के सामने आ लगी। आसमान पर बादल गरज रहे थे। रह-रह बिजली चमक रही थी और देखते ही देखते मूसलाधार पानी बरसने लगा।

तिरपालों से ढँकी रिक्शाएँ–सब ओर से कसी बँधी–गद्दी पर बैठे। बोरियों से ढके रिक्शा चालक जैसे किसी दूसरी दुनिया के बाशिन्दे हों। तारकोल की गहरी ग्रे सड़क पर भर-भर पानी के परनाले। रिक्शाओं की लम्बी कतार चौक की ओर बढ़ रही थी। लगा हम किसी भी बाहर की दुनिया से अलग हैं। हम कहाँ जा रहे हैं। मंटो, मंटो, सआदत हसन मंटो–वह तो कहीं गए हुए नहीं लगते। फिर भला हम कौन हैं। एकाएक कहीं से रौशनी की लपक कौंधी और सब शक-शुबहे साफ हो गए।

हमी हैं टूटे उजड़े टुकड़े जिन्हें हमारे उस्ताद ने जोड़कर टोबाटेक सिंह बना दिया। हमीं अपने पीर की जियारत पर सज्दा करने जा रहे हैं।

कुछ देर खामोशी छाई रही। देवेन्द्र कुछ भेदती सी निगाह से देखते रहे। फिर उठे हाथ के संकेत से बिल माँगा–अदा किया और बिना किसी से कुछ कहे हम सब खामोशी से अपने-अपने ठिकानों की ओर चल दिए।

अगले दिन देवेन्द्र फोन पर थे। अगर कल शाम आप आधा घंटा हमारे लिए निकाल दें, मेहरबानी होगी। मैं और विक्रम घर पर हाजिर होना चाहते हैं।

– जरूर इस्सर साहिब, चाय पर आपका इन्तजार रहेगा। छह के करीब ही न!

– जी हाँ।

अगली शाम ठीक छह को पाँच मिनट पर हमने ट्रे में प्याले रखे और केतली का स्विच नीचे। प्लेट में बिस्कुट, मीठे और नमकीन।

ठीक छह पर दरवाजे पर बेल। दरवाजा खोला– देवेन्द्र और विक्रम। बचपन की जोड़ी रावलपिंडी से।

देवेन्द्र ने हाथ का भारी लिफाफा मेज पर रखा और दूसरा पैकेट सामने की साइडबोर्ड पर।

– आप लोग तशरीफ रखें–चाय का पानी खौल रहा है–

हमने किचन से चाय की ट्रे उठाई। देवेन्द्र ने बिस्कुट और एक बड़ी ट्रे में पैटीज का डिब्बा खोलकर रख दिया। निरूला।

अच्छे पकवानों की दुकानों की लम्बी फेहरिस्त देवेन्द्र इस्सर के पास रहती है। यह बात हमें एक दिन कॉफी हाउस में बैठे पता लगी जब ताहिरी और पुलाव की बात छिड़ी। ओडियन के सामने वाली मस्जिद पर मियाँ साहिब बड़ी हंडिया में लाते हैं। पलक झपकते बिक जाती है।

चाय ने ताजगी दी। केतली एक और बार ताजी की गई।

– क्या प्याले धोकर रख दिए जाएँ।

– जी नहीं। इस काम को मेजबान पर ही छोड़ दीजिए।

इस्सर साहिब ने अपना पुलिन्दा निकाला।

हम मन ही मन परेशान हुए। अपने यहाँ तो दिमागी थकन चल रही है। जल्दी में कोई बहाना ढूँढ़ने लगे कि देवेन्द्र इस्सर बोले–आपको हम तकलीफ देने जा रहे हैं। आपने कल शाम मंटो के जाने की खबर को लेकर कुछ कहा, उसी को कलमबद्ध कर देंगे तो भी हमारी बात बन जाएगी।

– इस्सर साहिब, यह काम अश्क जी करें तो कैसा। वह इसके माहिर हैं।

हमें असमंजस से पुलिन्दे की ओर घूरते देख विक्रम इस्सर उठ खड़े हुए–एक छोटा-सा टुकड़ा भी चलेगा।

हमने बहुत ही विनम्रता से झुँझला कर कहा–अपने दाम इतने नहीं हैं कि हम लगातार इनकार करते जाएँ मगर मंटो पर लिखने की तौफीक तो हो।

दरवाजे पर घंटी। हमने दरवाजा खोला। पार्ट-टाइम कुक-साहिब। बन्दगी की और बिना भूमिका के पूछा–क्या बनेगा साहिब?

– सूप मिक्सड उबली सब्जियाँ–एक आमलेट और एक चपाती।

हमने शिष्टाचारवश पूछ लिया–क्या आप लेना पसन्द करेंगे–चपाती ज्यादा बन सकती है।

दोनों हँसे और जाने को बढ़े–अब इजाजत लेंगे। आपको याद दिलाएँ तो बुरा न मानिएगा। हशमत साहिब अगले हफ्ते ही 'मंटोनामा' रिलीज होने जा रहा है।

दोस्तो 'मंटोनामा' इन्द्रप्रस्थ प्रकाशन से ठीक वक्त पर छपकर आया और ठीक दिन इसका रिलीज राजस्थान सूचना केन्द्र में हुआ। निहायत सादगी से। जहाँ मंटो

की तस्वीर दीवार पर हो वहाँ भला कुछ और तामझाम भी किया ही क्या जा सकता है! खड़ग सिंह मार्ग पर एक छोटा कमरा–थोड़े से दोस्त और दीवार पर मंटो की जीती-जागती तस्वीर। हमें लगा वह दीवार से अपनी बिरादरी को देख कुछ मुस्कराए–आप सबसे बड़ी हमदर्दी है मुझे। ऐसी जिन्दा शामों में आप लोगों को पीने की मनाही है तो यारो लिखोगे क्या?

हम टकटकी लगाए दीवार की ओर देखते रहे फिर साथ बैठे सुरेश सेठ के कान में कहा–मंटो जैसे मेहमान को जवाब देना गुस्ताखी होगी। आखिर वह हमारे हमवतनी हैं। हिन्दुस्तान की पैदाइश हैं।

क्या कह दें। यही कि हम हिन्दुस्तानियों के लिए दूध मलाई भी पुरअसर साबित हुई है। लिखावट में खासी चिकनाई पैदा करती है। नहीं तो इतने बड़े-बड़े ग्रन्थ, महाकाव्य, पुराण, उपनिषद यह लोग कहाँ से पैदा करते?

सामने देखा, देवेन्द्र इस्सर 'मंटोनामा' रिलीज की ऐतिहासिक शाम का समापन कर रहे हैं। मंटो के ही शब्दों में मंटो को दोहरा रहे हैं।

"हम–सआदत हसन और मंटो इकट्ठा ही पैदा हुए थे और खयाल है कि इकट्ठा ही मरेंगे। यह भी हो सकता है सआदत हसन मर जाए और मंटो न मरे।" हमने दिल ही दिल जोड़ा और बीच में ही बोले–मंटो को जिन्दा ही समझिए क्योंकि मंटो जिन्दा है। वह आज की शाम यहाँ पर इतने ही गैरहाजिर हैं कि हम उन्हें कोई जाम पेश नहीं कर सके।

दोस्तो, देवेन्द्र के अदबी सलीकों की तारीफ करनी होगी। इतने संयमित कि मुख्तसर कार्यक्रम में उनकी ओर से इशारों में छिपी कोई परेशानी नहीं थी। शाम की शृंखला में पिरोते न कुछ कम कहा न ज्यादा। 'मंटोनामा' के अनुभवी सम्पादक की हैसियत से इतना भर ही–सम्पादित कृति के रूप में प्रमाण सामने है।

देवेन्द्र की साहित्यिक व्यवहार-संहिता महज अपने रचनात्मक-प्रदर्शन की देख-रेख में ही नहीं लगी रहती–उसके पास जीवन की विभिन्न लेखकीय स्थितियों को समझने की क्षमता है। मात्र साँप-सीढ़ी को फलाँगते चले जानेवाला कामयाबी का पैमाना उनका नहीं। उनकी सहज तथाकथित रणनीतियाँ लेखक और पाठक की व्यक्तिगत महत्वाकांक्षाओं से नहीं, व्यावहारिक बुद्धि से चलती हैं। वह हर 'गलत' को 'कम सही' करने के तहत उस पर नई मर्यादा का पट्टा नहीं लगा देते।

मंटोनामा के सम्पादन ने हमें उत्साहित किया। कुछ करने के लिए जोश भरा। वजह यही रही होगी कि हाईकोर्ट में शीर्षक अतिक्रमण के मुकद्दमे में दिन और वकील साहिब के चैम्बर में शाम निकलती। कुछ भी लिख सकने के कोई आसार नहीं थे। सो एक शाम सुपर बाजार काफी हाउस में बैठकर हम रचनात्मक लेखन के अलावा कुछ और करने की बात सोचने लगे।

रचनात्मक साहित्य की गहरी समझ रखनेवाले देवेन्द्र इस्सर के पास इस वार्षिकी का सटीक खाका था। बिना किसी सम्पादकीय शू शां के हम तीनों इसे सुचारू रूप से चला सकेंगे–इतना यकीन हमें था।

हमने, देवेन्द्र इस्सर और विक्रम ने मिलकर सुपर बाजार कॉफी हाउस में बैठकर 'कलम वर्ष' का सादा-सा लैटर-हैड भी डिजाइन किया और लेखक साथियों के लिए पहला पत्र भी ड्राफ्ट कर लिया।

देवेन्द्र इस्सर एक ऐसी शख्सियत जिसे न अपने पर अतिरिक्त रौब रखने की जरूरत और न बातों-बातों में अपने को प्रमोट करने की।

देवेन्द्र का गहरा अध्ययन, शायस्तगी, दानाई और किसी से बेकार का झगड़ा मोल न लेने की समझ और अदबी कबीले को परखने की गहरी तालीम दूसरों में विश्वास जगाती। उम्मीद थी कि हमारा यह संयोजित काम कायदे मुताबिक चल निकलेगा।

'कलम वर्ष' का नक्शा कुछ ऐसा निर्धारित किया गया–

इस वार्षिकी में : तीन लघु उपन्यास–1 हिन्दी, 1 उर्दू और 1, अन्य भारतीय भाषाओं से, 10 कहानियाँ–5 हिन्दी और शेष दूसरी भाषाओं से अनूदित। और 20 कविताएँ–10 वरिष्ठ कवियों की और 10 युवा कवियों की। वर्ष के प्रमुख प्रकाशनों के रिव्यू, आलेख भी। सब कुछ ढंग से चलते हुए भी 'कलम वर्ष' का प्रकाशन न हो सका। वह कहानी फिर कभी।

देवेन्द्र इस्सर बँटवारे से पहले जिस साहित्यिक पृष्ठभूमि और परम्परा से जुड़े-बँधे रहे हैं उस पर जरा गौर करें।

उन्हीं के शहर से हामिद बेग साहिब खत में लिखते हैं–"याद कीजिए आपके जमाने में जो लोग रहे होंगे उनमें से बड़े लोग सामने आए। मारूफ तरक्कीपसन्द शायर मन्जूर आरिफ़ मरहूम, मजमूआ– 'लहर, दरिया', मारूफ मुतरजम कालम

निगार और शायर मुनीर अहमद, अलमारूफ़ मुन्नुभाई। आजकल लाहौर में हैं और रोजाना 'जंग' से मताअलिक मारूफ शायर शफ़कत तनवीर मिर्जा आजकल रोजनामा 'इमरोज' लाहौर में काम कर रहे हैं। 'तअसबात' और 'अन्दाजे नजर'–के नक्काद आलोचक फ़तह मुहम्मद मलिक आजकल कायदे आजम यूनिवर्सिटी, इस्लामाबाद में शोबा-ए-पाकिस्तान के सदरे-शोबा हैं। और एक और नाम आपकी नजर से गुजरा होगा अफसानानिगार वक्कार बिन इलाही का–ये सब लोग उस जमाने में साल-दो साल के फर्क के साथ इसी कॉलेज में पढ़ते रहे हैं जो आपका भी था।

> "डॉक्टर अजमल साहब कुछ अरसा पहले इस्लामाबाद में थे। आजकल फ्रांस में हैं। वह पंजाब यूनिवर्सिटी लाहौर के वाइस चान्सलर और मरकज में सेक्रेटरी एजुकेशन भी रहे। सिद्दीक कलीम साहब गवर्नमेंट कॉलिज लाहौर के प्रिंसिपल रहे फिर टेक्स्ट-बुक कमेटी से जुड़े रहे। आजकल लाहौर में हैं। डॉक्टर गुलाम जीलानी बर्क साहब से अभी चन्द रोज पहले सरे-राह मुलाकात हो गई थी। अब वह बहुत बूढ़े हो गए हैं। कुछ अरसा पहले फालिज के हमले ने इन्हें खासा अरसा चलने-फिरने से रोके रखा। कभी सरे-राह–गाहे मुलाकात हो जाती है, दिल दहलता है। कहाँ बर्क साहब के अयाम-ए-गुजश्ता की वह बगावत और कहाँ यह कि दो कदम चलते हैं तो तादेर खड़े रहकर साँस दुरुस्त करते हैं। कुछ अरसा पहले उनकी किताब आई है। उन्वान है–'मेरी आखिरी किताब'।"

देवेन्द्र इस्सर जैसा लेखक जो धुर पाकिस्तानी अदीबों की बौद्धिक सोहबत में रहा हो–बँटवारे के बाद उसे हमारे यहाँ का कोई साहित्य संस्थान किसी पाकिस्तान जानेवाले डेलीगेशन में शामिल नहीं कर सका। हमें मालूम है देवेन्द्र इसे दिल में पाले हुए नहीं हैं क्योंकि वह अच्छी तरह जानते हैं कि जो जितने अरसे के लिए संस्थानों का पथ-प्रदर्शन करने आता है वह अपनी हेकड़ी में संस्थान को अपनी रियासत समझकर जिस-तिस की साहित्यिक उपस्थिति को खारिज भी करता चला जाता है, और अपनी पसन्द के लेखक चुनता है।

बहरहाल देवेन्द्र इस्सर को कभी भी किसी पहुँचे हुए मोहतबिर की रियायती

स्टाम्प की जरूरत नहीं रही। उनका द्विभाषी काम उनकी शख़्सियत और उनकी लेखकीय उपस्थिति को प्रस्तुत करता है। और, करता रहेगा।

खुदा करे साहित्यिक बिरादरी में देवेन्द्र इस्सर जैसे बुद्धिजीवी हमेशा दीखते रहें। अपने काम में मगन रहें। उसी में खोये हुए अपने वक्त को अपनी शर्तों पर जीते रहें।

निर्मला जैन

'शहर-दर-शहर' के बहाने

देखो निगाह-ए-शौक से
दिल्ली के नजारे
तहजीब की जन्नत है
यह यमुना के किनारे।

साहबो, उस समय के दिल्ली शहर शाहजहानाबाद की ठहरी हुई हलचलों की सांस्कृतिक सम्पन्नता और आसूदगी की झलकियाँ पेश करती 'शहर-दर-शहर' की कृतिकार निर्मला जैन साहिबा से हम आपका तआर्रुफ करवाएँगे जो शाहजहानाबाद के मशहूर जौहरी बाजार दरीबा की बेटी हैं। जिस बेटी ने शाहजहानाबाद की आबोहवा में परवरिश पाई हो, बचपन गुजारा हो, फिर शहर के बदलते ऐतिहासिक हादसों को खुले दिल-दिमाग से देखने की समझ जुटाई हो, ऐसी निर्मला जैन साहिबा ने शाहजहानाबाद दिल्ली के नए पुराने पैमानों को अपने अन्दर सोख रखा है। उनके मुताबिक दिल्लीवाले रहन-सहन, खान-पान, लिबास-पोशाक और शिष्टाचारी तहजीब के मुताबिक ठीक भारतीय परम्परा में छोटे-बड़े परिवर्तनों के साथ भी अपने रजधनिया रीति-रिवाज बरकरार रखे रहे हैं।

एक दूसरे का सामना होते ही एक साथ आदाब, नमस्ते, नमस्कार, जयराम जी की, सलामवालेकुम, बन्दगी, राम राम जैसे अभिवादन जिसने सुबह-शाम सुने हों, उसकी सोच में, विविधता में एकतरफा तंगदिली भला कहाँ हो सकती हैं। 'शहर- दर-शहर' इसी मिजाज की अभिव्यक्ति है। खूबी तो यह भी कि अपने छोटे-बड़े

गली-मुहल्ले में रहते हुए भी दिल्ली का शहरी राजधानी के रूप में एक बड़ी दुनिया से जुड़ा रहता है जो उसकी आन्तरिक स्थानीयता को गूढ़ ढंग से विभिन्न प्रदेशों में भी बड़ा विस्तार देती है। दिल्ली का शहरी जानता है कि उसका शहर देश, राष्ट्र की प्रभुसत्ता का प्रतीक है। वह राजधानी से जुड़ी बड़ी दुनिया को अपने अन्दर खींचता है और जाने-अनजाने उसकी सामाजिकता को अपने भीतर सींचता है। इस शहर की बौद्धिक जलवायु यहाँ के हर नागरिक के दिल-दिमाग में जाने-अनजाने व्याप्त रहती है।

दिल्ली का साझापन जमानों से कवियों, शायरों और लेखकों को आकर्षित करता रहा है। पुराने दस्तावेजों की तरह बने इसके गली-कूचे-कटरे ऐतिहासिक इमारतों के आस-पास फैले किस्से, कहानियाँ हर पीढ़ी द्वारा दोहराए जाते रहे हैं। रचनात्मक स्तर पर जब दिल्ली जैसे ऐतिहासिक शहर कालखंड के नियामक की तरह स्थित हों तो उसके पाठ की बुनत और बनावट की ऐतिहासिकता और समकालीनता ताने-बाने में गुँथ कर अनोखी हो उठती है। 'शहर-दर-शहर' की दिल्ली-गाथा में आत्मकथ्य, वृत्तान्त, विवरण, आख्यान सब एक-दूसरे में घुले-मिले हैं। मान लेना होगा कि राजधानी के परिदृश्य को खुली आँख से पढ़ने की तालीम निर्मला साहिबा के पास सुरक्षित है। दिल्ली शहर और नई दिल्ली की भौगोलिक, ऐतिहासिक विरासत और एक सी आबोहवा में भी फरफराती जिन्दगी के मुख्तलिफ रंगों में इसके दोतरफा दोरंगे होते विकास की नई सम्भावनाएँ सभी मिलकर लेखक के लिए रचनात्मक खतरे पैदा कर सकती थी और शाहजहानाबाद जैसे महानगर की पुरानी रफ्तार को

दकियानूसी रंग दे सकती थी लेकिन लेखकीय सावधानियों ने उसे ऐसा होने से बचा लिया है।

'शहर-दर-शहर' के कथ्य को अलग-अलग मुखड़ों में पिरोया जाए तो इनमें से उभरते ब्योरों में शहर की परिवर्तनशील निरन्तरता कायदे, करीने से उभरकर आती है। यह नगीना आँख वाली अदा निर्मला जी को जौहरी बाजार दरीबा की देन है। सच तो यह कि समय कोई भी हो, जौहरी बाजार दरीबा हमेशा प्रजाओं की खुशहाली का प्रमाण बना ही रहता है। जौहरी की दूर-भेदी निगाह और बाजार भाव के ऊपर-नीचे होने के संकेत और अहसास, इशारों में समेटे रहते हैं और जरूरतमन्दों द्वारा खामोशी से पढ़ भी लिये जाते हैं।

शाहजहानाबाद की छोटी-बड़ी गली-कूचों और कटरों में से गुजरती निर्मला साहिबा की निगाह ने जिस तरह पुरानेपन को आज की तात्कालिकता से जोड़ा है, पाठ में साधा है वह निश्चय ही एक अच्छे सेहतमन्द 'दिल्लीवाले शहरी' के संवेदन की प्रामाणिकता को पुष्ट करता है।

दोस्तो, मनोविज्ञानिक कुंजी अपने हाथ में नहीं पर इतना तो हर कोई जानता है कि जैसे वातावरण में, कोने-अँतरों में आपने अपना बचपन गुजारा हो उसका असर आपकी शख्सियत को ताजिन्दगी घेरे रहता है। जौहरी बाजार से उभरी निर्मला मादाम भला कहाँ और क्यों भूल जातीं, जिन्हें विरासत में नग-नगीनों की पहचान मिली हो वह जिन्दगी भर असल और नकल की पहचान में फर्क भी भला क्यों न कर सकेंगी।

हम सभी जानते हैं कि तजुर्बेकार की अनुभवी लिखत भी अकसर 'असल' की 'नकल' हुआ करती है। और, कभी रचनात्मक रूप में नकल से असल की शकल अख्तियार करती है। साहित्य और अन्य कलाएँ अपने-अपने ढंग से इसी प्रक्रिया के सहारे ऐसा शिल्प और कौशल सँजोती हैं कि यह मालूम ही न हो कि असल का अक्स सचमुच में असली है या असल की नकल के प्रतिबिम्ब को घूरनेवाले की प्रस्तुति है जिसकी शिनाख्त सिर्फ असल और नकल को पहचानने वाले विशेषज्ञ ही कर सकते हैं।

'शहर-दर-शहर' के बारे में कहना होगा कि दोनों को आमने-सामने प्रस्तुत करने का कौशल कुछ ऐसा कि अच्छी से अच्छी पारदर्शी निगाह भी भुलेखे में हो

जाए कि कौन किसकी नकल है, और कौन सी किस नकल की असल है। ठीक कलाकारों के चित्रों की तरह जहाँ असल और नकल मुँहजोरी में एक-दूसरे से एक दूसरे की प्रतिस्पर्धा करते हैं और अपनी-अपनी रचनात्मक फ्रेम में से एक-दूसरे को घूरते रहते हैं।

बाद में 'शहर-दर-शहर' की व्यापक दृष्टि ने एक साथ घने बसे शाहजहानाबाद और नई दिल्ली के विस्मयकारी खुले विस्तार को अपने कैमरे की रेंज में पकड़ने की जुर्रत की है। पाठक होने के नाते इतना जरूर कहना होगा कि रचनात्मक स्तर पर दोनों, पुरानी दिल्ली और नई दिल्ली को एक ही जिल्द में बाँधने में दो अलग-अलग रसायन एक-दूसरे को चुनौती देते लगते हैं, एक स्तर पर एक दूसरे के प्रभाव को कुछ क्षीण भी करते हैं।

पुराना नायक शाहजहानाबाद और आधुनिक समय की नई नायिका नई दिल्ली साथ-साथ एक जिल्द में, दोनों ही समय-काल के रोमान रहस्य को कमतर करते लगते हैं। दोनों के स्थापत्यों की विभिन्नता और पूर्वनिर्धारित सामाजिकता एक दूसरे से कोसों दूर दीखती है। पुरानी दिल्ली अपनी घनियाली विविधता में देश के सांस्कृतिक सौहार्द की प्रतीक लगती है। दूसरी ओर नई दिल्ली विदेशी साम्राज्यवाद का आमूल शक्ति-प्रदर्शन। दोनों दिल्लियों के तुलनात्मक ब्योरों में पाठक को कुछ अटपटा न लगे तो 'शहर-दर-शहर' शाहजहानाबाद की दुनियादारी और दयानतसाजी के सम्मिश्रण का हूबहू रजधनिया नमूना है। पन्नों में गुँथी है समय विशेष की जानकारियाँ, घटनाएँ और सामाजिक तत्त्वों का अंकन।

मुलाहजा हो 'शहर-दर-शहर' के मुताबिक पुरानी दिल्ली के चाँदनी चौक का सांस्कृतिक स्थापत्य–"यह मात्र संयोग नहीं है कि चाँदनी चौक से फतेहपुरी तक लगभग एक मील लम्बी सड़क पर एक जैन मन्दिर, गौरीशंकर मन्दिर, एक चर्च, एक गुरुद्वारा और मस्जिद मौजूद हैं। यह आज की इमारतें नहीं, पुरान वक्त में शहर दिल्ली विभिन्न धर्मानुयायियों के सौहार्दपूर्ण अस्तित्व का जीवित प्रमाण रहा है।"

निर्मला साहिबा के अनुसार उन दिनों दिल्ली शहर में जिन्दगी की लय विलम्बित गति से चलती थी। कोई भाग-दौड़, बेचैनी, अधीरता नहीं थी। पूरी दिनचर्या एक बँधे-बँधाए ढर्रे पर मानो निश्चित सुर-ताल में इत्मीनान से हर रोज गायी जाती हो।

तआज्जुब यह कि इस बन्दिश के बावजूद तब एकरसता की शिकायत शायद ही कोई करता हो। पारस्परिकता और सामाजिक व्यवहार कुछ ऐसा कि अजनबीपन या बेगानेपन का रोना रोते विरले ही दिखाई देते। शाहजहानाबाद के जगमगाते मुगलकाल में लाल किले का 'बादशाही', 'अन्दर' और रिआया का 'बाहर' एक-दूसरे से दूर नहीं था। ठीक लाल किले के सामने बेगम समरू की कोठी मौजूद थी। उसमें सुरंग के जरिए लाल किले में पहुँचने की सुविधा थी। किले की दीवार के सामने इस दुनिया के छोटे द्वीप की तरह इत्मीनान से चमकता हरे-भरे का मजार। शाहजहानाबाद के शहरियों में अदब और कलाओं की कद्रदानी थी और मिजाज में दारूखलाफा की शौकीनी। अवैध सम्बन्धों का कारोबार दोनों पक्षों में भरपूर चलता था। पुरुषों को अतिरिक्त छूट थी। डंके की चोट पर एक आध घर और बसा लेना आम बात थी।

जामा मस्जिद से सीताराम बाजार और अजमेरी गेट की ओर जाते बीच में पड़ता सजीला चावड़ी बाजार जो कभी दिल्ली के सोनागाछी के नाम से मशहूर था। दरीबा के दाईं ओर निकलती तंग-सी गली किनारी बाजार हल्के से अँधेरे में झिलमिलाती रहती। छुटकी दुकानों पर चमकती किनारी। रूपहली, सुनहरी, बाँकड़ी, सलमा, सितारा और तिल्ले की गूँथ में बुनी साड़ियों और चुन्नियों की बेलें।

सारी दोपहर गलियाँ खोमचेवालों की आवाजों से गूँजती रहतीं।

याद नहीं कभी बच्चों को एक या दो पैसे से ज्यादा कुछ दिया जाता हो। खोमचों की आवाजें, बच्चे और मुहल्लों के घर सब तय थे। आवाज सुनते ही बच्चे हवेलियों, घरों के बाहर चबूतरों पर पहुँच जाते। एक या दो पैसों की बरकत में बच्चों की वह पीढ़ी खासी खुश रहती। गलियों को गुँजाते यही खोमचे नन्ही-मुन्नी दुनिया को दिल्ली के मशहूर खट्टे-मिट्ठे स्वादों का लुत्फ मुहैया कराते। गली के नुक्कड़ पर अक्सर गर्मी के मौसम में टाट बुरादे में काट-काट कर बर्फ के टुकड़े बेचता बर्फवाला।

घनी बस्ती होने के साथ-साथ सीताराम बाजार दिल्ली की दावतों के विशेषज्ञ हलवाइयों के लिए मशहूर रहा। दिल्ली के महानगरीय विस्तार के चलते सैकड़ों कैटरर्स शामिल हुए पर ठेठ दिल्ली के चाट-पकौड़े और पकवानों को बनाने का हुनर किसी और के पास न आया, सीताराम बाजार के पुश्त-दर-पुश्त चले आते हलवाई खानदानों के पास ही रहा है। अकारण नहीं कि दिल्लीवाले चाट-पकौड़ी और मिठाइयों के खूब चसकोरे हैं।

यही वजह है कि किसी समय एक कहावत प्रचलित थी—'दिल्ली की बेटी, हिसार की गाय, करम फूटे से बाहर जाए।' अद्‌भुत! करम फूटने की आशंका का कारण रहा होगा दिल्ली शहर का चसकोरा खान-पान। शहर में कई ठिकाने हैं जहाँ दिल्ली के ठेठ खान-पान के बीच पंजाबी घुसपैठ के कारण मिली-जुली संस्कृति की तरह घाल-मेल शैली में कुछ पकवान प्रचलित भी हुए और खास समुदाय के बीच प्रतिष्ठित भी।

दिलचस्प यह भी कि मशहूर पुराने हलवाई 'कूड़ेमल मोहनलाल कुल्फीवाले' का विज्ञापन हाल ही में अंग्रेजी के दैनिक अखबार में इस सुर्खी में छपता है कि उन्होंने ऐश्वर्या-अभिषेक की शादी में कुल्फी सप्लाई की थी। उधर जामा मस्जिद के लाजवाब खानों और पकवानों के भी क्या कहने! दुनिया-भर में मशहूर मुगलई शामी कबाब, भुनी रानें, कोरमा, मोती पुलाव, कांधारी परांठा, मुर्ग मुसल्लम, बिरयानी, रोगन जोश, सीख कबाब और मछली तली-भुनी।

"वैसे तो उन दिनों लोगों को बचत की बरकत मालूम थी फिर भी दूसरों की बेवजह बेकार बुराइयाँ करना और बदियाँ रोने से तो खाने-पीने का लुत्फ उठाना हजार दर्जे अच्छा माना जाता। अल्लाह मियाँ का दिया रिजक हो हाथ में तो फिर फिक्र क्या! ऐसा शोरबा सामने तो शराब भी क्या। अपने को लोग कहते सुने जाते कि खेल खाना चलता रहे तो बन्दों की सलामती बनी रहती है। शाहजहानाबाद वालों की यह सोच कम काबिलेतारीफ नहीं थी।

"पुराना किस्सा है। अपने चसकोरेपन के लिए मशहूर शहरी बाशिन्दों ने बादशाही वक्तों में मिरचों पर महसूल ज्यादा लगाने पर दरबार में अर्जी पेश कर दी—'हजूर जानते हैं कि दिल्ली का पानी हवा बादी वाला है। मिर्च मिसाले और खटाई बिना आपकी रिआया का हाजमा न चलेगा। इसलिए मिर्ची पर चुंगी कम करने का हुकम फरमाएँ।' "

दिल्लीवालों की यह माँग इतनी मुनासिब थी कि जिल्लेइलाही ने पुराना हुक्म रद्‌द कर दिया। निर्मला साहिबा की इन पंक्तियों का मुलाहजा हो। आज की दिल्ली के विस्तार के बावजूद उस पुरानी दिल्ली वालों की ठहरी हुई दुनिया का तसव्वुर अब भी पुरानी पीढ़ी के कुछ इने-गिने बुजुर्गों के जेहन में मौजूद है जो आजादी के पहले शहर के गली-कूचों में युवा पीढ़ी के रूप में चहलकदमी करते थे। उस जीवन-शैली के पुनरुद्धार की कोशिश नाटकों, चलचित्रों और धारावाहिकों में दिखाई देती है।

वह लगभग वही दिल्ली है जिसकी हस्ती बकौल मिर्ज़ा ग़ालिब, मुनहसर कई शहरी हंगामों पर थी। लाल किला और चाँदनी चौक के हर रोजा बाजार, मस्जिद-जामा पर हर हफ्ते बाजार। फिर हर हफ्ते सैर यमुना के पुल की, हर बरस मेला फूलवालों की सैर का, जोगमाया के मन्दिर का मेला, जहाज महल, अमराईयाँ हर मौसम की आमद पर, हर महीने में त्योहार पर त्योहारों की रौनकें। पुरानी दिल्लीवाली रिआया इसी जीने के शोरशराबे में सराबोर रहती थी।

मुगलों ने जामा मस्जिद के लिए भोजला पहाड़ी भी क्या चुनी। सैलानी इतिहासकार, शायर, उपन्यासकार, पत्रकार यहाँ पहुँचते ही इसकी सीढ़ियों पर बिखरी पुरानी बादशाही सल्तनतों के रोमांस-रोमान और रौनकों को देखते रह जाते। अल्लाह मियाँ के दरबार में सजदा करने जाती शाहजहानाबादी जिन्दगी की वे धड़कनें शुक्रगुजारी में घुटने टेकतीं और हवा में तैरती तन्दूरी और मुगलई पकवानों की खुशबू स्वाद में भी क्या लाजवाब। इस मुल्क के पकवानों के स्वादों और जायकों में भी क्या से क्या घुलता-मिलता चला गया। कुछ पुराना रहा, कुछ नया होकर उभरा। एक-दूसरे में घुल-मिलकर दोहरा कीमती हो गया। इस तरह ठेठ हिन्दुस्तानी हो गया। बाहर से आनेवाले विदेशी प्रदेशी नागरिकों के साथ ही नए-नए स्वाद भी खानों, पकवानों में शामिल।

अजमल खाँ रोड पर रोशन की कुल्फी-फालूदा और फतेहपुरी की मस्जिद की बगलवाले सरदार जी के ढाबे की 'रबड़ी फालूदा' इसी घालमेल का उदाहरण है। आइसक्रीम कुल्फी के अलावा जलेबी, रबड़ी, मूँग दाल का हलवा, सर्दियों में गाजर का हलवा, मालपुआ, गुलाब जामुन वगैरा दिल्ली की आबोहवा में हमेशा तैरता रहता है। इस खान-पान की संस्कृति का गहरा सम्बन्ध समुदायों के इतिहास और भूगोल से रहा है।

'शहर-दर-शहर' के अनुसार खान-पान भी संस्कृतियों के प्रतीक हैं।

बाहर से आनेवालों को दिल्ली कुछ दिन पराई लगती है फिर बेगानगी कम होने लगती है। धीरे-धीरे अपने छूटे हुए गाँव, शहर और वतन इसके मौसमों में घुल-मिल जाते हैं। दिल्लीवाले आनेवालों को यही कहते हैं कि शहर दिल्ली जितना हमारा है, उतना ही हर भारतवासी का है। जहाँ से आइए, जब भी आइए और अपना भाग्य बनाइए।

साहबो, निर्मला जी का कहना यह कि राजधानी में न कोई खुदगर्ज है, न दानवीर, न दिलफेंक और न शूरवीर। सब अपने-अपने ढंग से अपनी-अपनी पटरी बिठाने में लगे हैं। दिल्लीवाले बाहर से आनेवालों को अपनी खामोशी से यही कहते हैं कि आइए दिल्ली शहर जितना हमारा है, उतना ही हर भारतवासी का। आज की सियासत बाकायदा इसके खिलाफ मुहिम चला रही है कि यह उत्तर भारतीय हैं, वह दक्षिण भारतीय हैं। यह मराठी मानुष हैं, मध्यप्रदेशी हैं, बांगला हैं, बिहारी हैं, हम अपने यहाँ इन्हें न आने देंगे। हमारे रिजक का क्या होगा! दिल्लीवाला बाहर से आनेवालों को कभी इनकार नहीं करता। पुरानी दिल्ली के मुहल्ले कभी बाहरवालों के लिए मुकाबले वाली दबंगई खुरचन खिलाने के लिए जरूर मशहूर थे जो दरअसल अपने मुहल्लों की कुव्वत, ताकत दिखाने की ही पेशकश हुआ करती थी।

'शहर-दर-शहर' के शाहजहानाबाद के साथ ही बहुत से नगरों, महानगरों के नाम कौंध रहे हैं जिन पर लेखकों ने कृतियाँ प्रस्तुत कीं। बम्बई, कलकत्ता, चेन्नई, भोपाल, इलाहाबाद, लखनऊ, इस्ताम्बूल और भी अनेकों बड़ी दुनिया के बड़े शहर। हमारी दिल्ली पर भी अंग्रेजी शेल्फ भरी हुई है। दारुलखलाफा दिल्ली हमारे राष्ट्रीय जीवन की धुरी, राजधानी होने की भूमिका के कारण सदियों से अहम रही है। यहाँ से हमारे भारतीय जीवन की विविधता असंख्य रंगों में प्रवाहित होती रही है। देश की प्रशासनीय वैचारिकता, सत्ता, सांस्कृतिक ऊर्जा और सांस्कृतिक सघनताओं का ताना-बाना भी।

'शहर-दर-शहर' का नैरेटिव सूचनाओं से भरा है जो बिना किसी शोरशराबे के पाठक को बहुत कुछ ऐसा पहुँचाता है जो इस विशिष्ट शहर के साधारण का प्रतिरूप है। आश्चर्यजनक यह कि लेखक की निगाह शाहजहानाबाद की हवेलियों को उलाँघ शाहजहानाबाद के साधारण के उस विशेष को भी अपने में सोख सकी जो गली-कूचों में रहता था। गली के नुक्कड़ से शुरू होते ही शहर में जबान का अन्तर पेशों के हिसाब से साफ दिखाई पड़ता था। कोर्ट-कचहरी की, दुकानदारी की, सरकारी दफ्तरों की शब्द-सम्पदा, वाक्य संरचना, बलाघात के अन्तर से खड़ी बोली के जाने कितने रूप शाहजहानाबाद में प्रचलित रहे। दिल्ली की खड़ी बोली का एक दिलचस्प रूप 'करखनदारी' भी था। इस भाषायी स्वरूप पर कई शोध-प्रबन्ध लिखे जा चुके हैं। वाक्य के आगे-पीछे अबे, तबे या माँ-बहन से जुड़ी गालियों के बन्द कुछ ऐसे लगे

रहते थे जैसे शहर के मनिहार महिलाओं को चूड़ियाँ पहनाते समय आगे-पीछे दो अतिरिक्त चूड़ियाँ लगा देते थे।

बोली-बानी, रहन-सहन की तरह खान-पान की रवायतें भी उसी पुरानी दिल्ली में कायम हुईं जो फसीलों की चौहद्दी के भीतर कैद थी। विस्मयकारी यह भी कि शहर में जितनी किस्म और क्षेत्रों के लोग थे, उतनी ही किस्म के रसोई पकवान और मिठाई नमकीन भी थे।

दिलचस्प है गली मुहल्लों के शिराजाल का वह इलाका जिसके एक तरफ तुर्कमान गेट के आसपास वाली मुस्लिम बस्ती है। अजमेरी गेट वाली मस्जिद से कुछ आगे बढ़ने पर हकीम अब्दुल हमीद का हमदर्द दवाखाना। अजमेरी गेट के दाहिनी तरफ जाकिर हुसैन कॉलेज की प्राचीन मुगलकालीन इमारत स्थित है जो कभी अरैबिक कॉलेज था। कभी यहीं से दिल्ली के फख्र मिर्ज़ा ग़ालिब अपने शायर होने के आत्मसम्मान को सँभालते हुए घर को लौट गए होंगे। अपने होने की बेकद्री भले हो, पर अपने फन की नहीं। यह थे दिल्ली के हमारे मिर्ज़ा ग़ालिब। अजमेरी गेट को अलग कर सीध में बढ़नेवाली लम्बी सड़क खारी बावली पर खत्म होती है। अजमेरी गेट के भीतर जानेवाली मशहूर सड़क चावड़ी बाजार और चावड़ी के दाएँ वाली सड़क बाजार सीताराम। पंडित जवाहरलाल नेहरू की ससुराल।

शहर की बन्द और तंग गलियों के बीच बहती खुली नाली जिसके दोनों तरफ चलने की जगह। ऐसे ही गली में लाला जौहरीमल का और दूसरा नत्थू कोढ़िए का मकान था। उनका पूरा नाम नत्थूमल था। थे तो वह भी छोटे-मोटे सेठ। उनकी कपड़े की कोठी थी। उन दिनों थोक के ठिकाने गद्दियाँ या कोठी कहलाती थीं। बंगलानुमा कोठियों का इनसे कुछ लेना-देना नहीं था। कोठे का स्त्रीलिंग भी बोलचाल में नहीं था। क्योंकि 'कोठा' बाई के देह-धंधे के साथ जुड़ा था। यूँ गली-मुहल्लों के साथ-साथ जुड़े मकानों से ही 'आँखलड़ौवल' खेल खेले जाते। एक-दूसरे की खिड़की-दरवाजों से या गली से आते-जाते ताक-झाँक करते हुए प्रेम की पींगें बढ़ाने का यह उस समय का अन्दाज था। ऐसी नजदीकियों, मौसमों के जीवित रोमांस का अनुभव करने के लिए अपने शहर से बढ़कर और कौन-सा स्थान होगा।

जौहरी बाजार दरीबा से उभरीं निर्मला जी के पास सजग दृष्टि मौजूद है कि सदियों पुराने शाहजहानाबाद के साथ-साथ अंग्रेजों द्वारा बनाई गई नई दिल्ली भी छूटी नहीं।

कहाँ दिल्ली के गली-कूचे कटरे और कहाँ नई दिल्ली, दोनों का स्थापत्य और सामाजिक रसायन एक-दूसरे से कोसों दूर। सरकारी बिरादरी के लिए बनी नई दिल्ली आधुनिक मानदंडों के अनुरूप। एक ओर रिहायश के नए खुले आधुनिक ढंग, नई जीवन-शैली की सुविधाएँ और सुरक्षाएँ, वास्तु की नई वर्णमाला, खुली हवा, खुली धूप, रहन-सहन की तरतीब, एक-सा फर्नीचर, बरामदे, आँगन और बाहर हरे-भरे लॉन। खुली सुथरी सड़कें, सड़कों के दोनों ओर तरह-तरह के पेड़, धूप, हवा और चाँदनी में झूमते पेड़ों के आकार, पटरियाँ और तारकोली सड़कों के चौड़े खुले अलग-अलग आकार, कनॉट प्लेस, सेक्रेटेरियट, पार्लियामेंट, इंडिया गेट। सांस्कृतिक गतिविधियों के लिए भवन, कलावीथियाँ, मनोरंजन के केन्द्र, पुस्तकालय, स्कूल, कॉलेज, विश्वविद्यालय, रिहायशी घर—एक-दूसरे से अलग और कतारों में जुड़े हुए भी। अपने-अपने घर की निजता, बरामदों के आगे बजरी की सड़कें, हरे-भरे पानी लगे लॉन। आधुनिक शैली से बने बंगले, क्वार्टर, चारों ओर से खुले। इन दो मुख्तलिफ दिल्लियों में से उभरे दो व्यक्तित्वों के दरमियान कितनी दूरी, कितनी नजदीकी, कितना यकसाँपन, कितनी अलहदगी इसे माप कर निस्तार करना हो, किसी नतीजे पर पहुँचना हो तो हशमत और निर्मला साहिबा के बीच के फर्क को पलड़े पर रखकर देखा जा सकता है। मिजाज की लुनाई और तार्किक समझदारी व तर्जुबाकारी के मुकाबले में नई दिल्ली के हशमत की नहीं, शाहजहानाबाद की बेटी निर्मला साहिबा की ओर ही पलड़ा भारी पड़ता है। अकारण नहीं कि लोग निर्मला जी की खूबियों को गहरे आदर से देखते हैं। उनके अपने बीच के फर्क को हशमत पहचान सक रहे हैं। हशमत उम्र का सबसे लम्बा अरसा नई दिल्ली में गुजार कर भी अपने को खालिस दिल्लीवाला नहीं समझते। मुकाबले में दिल्लीवालों से कमतर।

हमारे पास न गली-मोहल्लों के घनत्व वाला चौकन्नापन, न वह तेज-तर्रार भाषायी तर्ज, न शिष्टाचारी महानगरीय कमाल मुद्राएँ, न खड़ीबोली का रजधनिया उच्चारण। भला जौहरी बाजार दरीबे के मुखबन्द का मुकाबला भी हम क्या कर सकें। अंग्रेजों की नई दिल्ली वाले हशमत ठीक इस अदा से अलग अपने में ही मस्त। लड़ाई-झगड़े भी ज्यादातर अपने से ही। सीधी-सपाट सड़कों और छाँहदार पटरियों पर चलनेवाले मुसाफिर। अपने और दूसरों के अधिकार क्षेत्र को लेकर चौकन्ने और बस।

नई दिल्ली अपने आधुनिक स्वरूप में न शाहजहानाबाद को घूरती है और न पुराने

नायक को हिकारत से देखती है। सोचें तो ऐसे ऐतिहासिक परिदृश्य को सन्तुलन से अनूदित करनेवाली उस समय की निर्मला साहिबा की युवा पीढ़ी थी जिसे देश के आजाद होने के शुभ को आँखों से देखने का सौभाग्य प्राप्त हुआ था। दोस्तो दशकों-दशकों से नागरिकों को हिलाती-डुलाती राजधानी की आबोहवा आज भी उस मौसम में सत्ता और नागरिक समाज से उभरती तेजस्विता की याद दिलाती है। लौटते हैं निर्मला जैन साहिबा की ओर जो उन दिनों प्रबुद्ध नागरिक बनने की सीढ़ियों पर थीं। शहर के मशहूर इन्द्रप्रस्थ स्कूल और लेडी श्रीराम कॉलेज में पढ़कर निकली हुई यह छात्रा विधिवत विभिन्न भाषाओं में पारंगत हुई। शास्त्रीय संगीत उस्ताद हाफिज अली खाँ साहिब से सीखा और गुरु अच्छन महाराज से कथक नृत्य। निर्मला जैन की इस संस्कारी पुख्तगी ने उन्हें साहित्यिक प्रबुद्धों की पंक्ति में ला खड़ा किया। उनका भाषायी संवेदन और मानसिक सम्पन्नता उस ओर संकेत करते हैं, दोनों के मिश्रण से जिसका उत्थान और विकास अंग्रेजी के साथ-साथ हुआ।

दोस्तो, अगर हम नागरी में न लिख रहे होते तो हमारी मुलाकात इन साहिबा से कहाँ हुई होती। एक तो हम शाहजहानाबाद की फसील के बाहर नई दिल्ली के बाशिंदे, दूसरे न हम दिल्ली विश्वविद्यालय के किसी विभाग में शोधार्थी, न विद्यार्थी, न शिक्षक, न निर्मला साहिबा हमारी उस्ताद और न हम उनके शागिर्द। फिर भी अचरज यह कि उनसे हमारी पहली मुलाकात दिल्ली विश्वविद्यालय के वाइस चांसलर जनाब महरोत्रा साहिब के घर पर हुई।

लॉन में जुड़ा शाम के मेहमानों का गुच्छा, कुछ औपचारिकता में खामोश था। वी.सी. साहिब के पास बैठे जैनेन्द्र जी, नगेन्द्र जी और निर्मला जी। निर्मला साहिबा की आवाज में न अतिरिक्त विनम्रता और न दूसरों को बीच में रोकने-काटने की जल्दी और न अपनी ही आवाज सुनने की फड़क। दोहरी साँझ की झिलमिलाती रोशनी में वी.सी. महरोत्रा साहिब की यह पार्टी हम जैसों को उत्साहित और उत्तेजित कर रही थी। आजादी के पहले वी.सी. साहिब की निमंत्रण सूची में भला हिन्दी लेखकों का भी क्या काम रहा होगा। अंग्रेजीदां राजधानी में हिन्दी विभागों की नई धारा की उपस्थिति, भाषायी भविष्य की सूचना दे रही थी। स्वतंत्रता-प्राप्ति के बाद दशकों तक हमारे गणतंत्र की विकासशील ऐतिहासिक छवियों को राष्ट्र की विकसित होती नवीनतम योजनाओं के साथ जुड़ते देख भारतीय जन-मन में स्फूर्ति का संचार लक्षित

था। नई बौद्धिक सम्पन्नता को ग्रहण करने का अदम्य उत्साह था। इसलिए जहाँ हमारे विशिष्ट वरिष्ठ जैनेन्द्र जी मौजूद थे वहाँ हम जैसे नौसिखिए भी। खास तौर पर जब महरोत्रा साहिब दिलचस्पी से हशमत की नई कहानी में प्रकाशित 'यारों के यार' का जिक्र करें। हिन्दी साहित्य का नया दौर।

हिंदी विभाग की सुमन महरोत्रा साहिबा की मुस्कुराहट और व्यावहारिक ताजगी पकवानों की बरकतों के साथ मेहमानों तक पहुँच रही थी। एक ओर जैनेन्द्र जी और वी.सी. साहिब के बीच की बातचीत में विविध योजनाओं में उभरते, उठते राष्ट्र की नई तासीर प्रकट हो रही थी। दूसरी तरफ, निर्मला साहिबा के वार्तालाप में नई पीढ़ी का उत्साह और अंदाज जाहिर हो रहा था। पुरानी नौकरशाही के शिष्टाचारी पैंतरों से मुक्त जैनेन्द्र जी किसी भी भाषायी दबदबे को फलाँग जानेवाले हिंदी लेखक थे। दोस्तो, आज उन दशकों की ओर लौटते हुए उस समय के लेखकों की उभरती नई पीढ़ी के बौद्धिक उछाल को याद कर रहे हैं जिन्हें एक-दूसरे की सोहबत से रचनात्मकता की गहराइयों में उस पारदर्शी व साहित्यिक आधुनिकता के साथ ऐसे आलोचकीय संवेदन की ओर बढ़ते देखा जहाँ विभागों के अकादमिक कम ही पहुँचते हैं।

राजधानी की अदबी भीड़ में हशमत दशकों बाद की बात करने जा रहे हैं। इस प्रबुद्ध मुखड़े को ठंडे-गर्म मौसम पार करते-करते एक मोड़ पर पहचाना जाने लगा कि निर्मला साहिबा के चेहरे पर एक तजुर्बेकार कचहरी की मुंसिफी उतरी लगती है। अदबी बिरादरी में मशहूर हुआ कि निर्मला साहिबा किन्हीं भी दो विरोधियों, धन्धेबाजों, समकालीनों, दोस्त और दोस्त में, दुश्मन और दुश्मन में, लेखक और लेखक में तसल्लीबख्श मध्यस्थता करवा सकती हैं। उनसे यह करवाना आसान काम नहीं। दोनों पक्षों की बात सुनकर, दोनों के तर्क सुनकर बिना कुछ कहे दोनों के मुखड़े जाँच कर, पहले उनके झगड़ालू तेवरों की तह तक पहुँचती हैं और अपनी काबलियत से दोनों ओर की मुनासिब हिम्मत का अन्दाजा कर उनके अन्दरूनी ठियों की ताकत आँखों से ऊपर खींच लेती हैं। फिर भभकी देकर दोनों पक्षों को खबरदार करती हैं कि सुनिए अगर आप दोनों को मुझ पर एक-सा भरोसा बनता है तो मैं बीच में पड़ूँगी, नहीं तो भाईजान मेरे पास ऐसे झगड़ों को सुलझाने का वक्त नहीं। दोस्तो, चुटीली तुर्शी और कामकाजी आवाजों का यह तेवर जिन्दगी में कामयाब शख्सियत का ही

हो सकता है। यह तेवर दूरअन्देशी के लगातार अभ्यास और अहसास के सन्तुलन का नतीजा है। ठीक इस हकीकत से मुख्तलिफ पहचान हमने खुद अपने ऊपर चस्पां की, वह इसलिए कि इस काबलियत के विपरीत तमाम कड़वी और खुरदरी सलवटें निकालकर अपनी सीधी-सपाट व्यावहारिक शैली की कमियाँ भी हम अपने में गिन सकें। शहर दिल्ली और नई दिल्ली के बीच का फरक हमने 'शहर-दर-शहर' की निर्मला साहिबा और अपने दरमियान पाया।

निर्मला साहिबा आजादी के बाद उभरती देश की उस युवा पीढ़ी की नुमाइंदगी करती हैं जिसने देश के संविधान के अनुरूप लोकतंत्र के मूल्यों को विकसित होते देखा, और अंग्रेजीदाँ हलकों में हिंदी भाषा की प्रादेशिक सीमाओं को, समूचे राष्ट्र की भाषायी गरिमा को भी जज्ब होते देखा। कार्य-क्षेत्र में निर्मला साहिबा का योगदान और हस्तक्षेप उनके वाचन और लेखन दोनों के माध्यम से राजधानी के सांस्कृतिक मानदंडों की पुख्तगी के साथ संचारित हुआ है।

गिरधर राठी

हसीनों की न दोस्ती अच्छी, न दुश्मनी

दोस्तो, कोई तजुर्बेकार पहुँचे हुए उस्ताद फरमा गए हैं कि हसीनों से न दोस्ती अच्छी और न दुश्मनी। उनसे बस दूर की साहब-सलामत ही अच्छी। अपनी लेखकीय बिरादरी की ओर देखें तो इस मैदान में तो एक से एक हसीन। यहाँ हसीन वह जिसके पास प्रकाशित कृतियों के गुच्छे हों। उनके हक में तो यह लाजवाब नुस्खा ठहरा। इसमें न खुदपरस्ती और न ही कायदे-कानून की मुखालफत और न ही किसी एक पर ही फना हो जाने की इल्लत।

यह हिदायत तो ऐसी कि एक बार दिल-दिमाग तक उतर जाए तो ताजिन्दगी रूह से चिपकी रहेगी। सच तो यह भी कि लेखकों की खासी बड़ी बिरादरी को झेलने के लिए यह एक अक्सीर नियामत है। दूर से देखते रहो और बेकार के पचड़ों से छुट्टी। इत्मीनान से दूरी बनाए रखो, कविता की पंक्तियाँ गुनगुनाते रहो। दूर से ही साहिब सलामत की रस्म निभाते रहो।

वह हैं तो सलामत रहें और हमें दीखते रहें। खुशफहमी में यह सोचना भी कम फायदेमंद नहीं कि वह तो रहे ही पर अपने में अपना लेखक भी जिन्दा रहे, यह रही हमारी प्रकाशित कृति, भले कोई न पढ़े न सही; हम तो अपने को लेखक समझते हुए अपनी पंक्तियों में जीवित हैं। मतलब यह कि हम लेखकों का नुमाइशी हुस्न वक्त की उस दौड़ में पैबस्त है जो उसके प्रकाशन काल की पत्री है। इसी सूरत, सीरत का हुस्न लेखकों की झम्म-झम्माहट में दमकता रहता है। इस सामाजिकता में एक नया इजाफा इन दिनों और हुआ है—पहले जहाँ मर्दाना-कलां का अदबी

अखाड़ा हुआ करता था अब उसके सामने जनाना-खुर्द का शामियाना भी आ लगा है।

दोनों खेमों की निगाहें एक-दूसरे को बराबरी से तो शायद नहीं ही नवाजतीं– आखिर तो छह दशकों के लोकतंत्र के बुद्धिजीवी समाज से उम्मीद भी भला कहाँ की जा सकती है। कॉलोनियल बौद्धिक साहित्य संस्कृति को परे धकेलने की कोशिश में बराबरी के लेखकीय अधिकार जातिगत खेमों की संकीर्ण क्रूर व्यावहारिकता में धँसे पड़े हैं। ऐसे में साहित्य व्यवस्था भी पुरातनपंथी नियन्त्रण के दलदली, क्षेत्रीय दबावों तले साँस ले रही है। एक ओर शिष्टाचारी गाली-गलौज और दूसरी ओर दनादन षष्टी-पूर्तियाँ और सिंथेटिक संगोष्ठियाँ। पुराने शिष्टाचार में नया सम्पर्कवाद।

इधर नई भूमंडलीय कार्य-संस्कृति अपने-अपने अनुशासनों की सामूहिकता से धन्धों की सामाजिकता उभारती है और वहीं नए-नए पर्यावरण का ताना-बाना बुनती है। इसी सांस्कृतिक, साहित्यिक प्रचार-प्रसार में साहित्यिक मित्रताएँ उभरती हैं। मित्रताओं की कैमिस्ट्री एक दूसरे को कभी ग्राह्य होती हैं और कभी बौद्धिक आकर्षण के चलते भी बाहर ही खड़ी रह जाती हैं।

साहित्यिक दोस्तियों की एक खूबी यह भी कि वह लेन-देन के व्यापारी धन्धे के बाहर दीखती हैं, मगर हकीकत में वह धन्धे की ही ऊर्जा से जुड़ी रहती हैं। ऐसी मित्रताएँ अकसर लेखकीय कार्यशीलता में एक-दूसरे के लिए रचनात्मक रूप में सहायक होती हैं फिर भी आन्तरिक बौद्धिकता के बाहर खड़ी रह जाती हैं। संवेदन

की लय ही इसे तय करती है। विचारधाराओं के बरक्स किसी भी एक का आत्मग्रस्त आत्मविश्वास प्रकट होते ही दूसरी ओर भी विपरीत दिशा के द्वार खुलने लगते हैं। दोनों ओर आत्मकेन्द्रित सिद्धान्तों की होड़ लग जाती है।

कभी-कभी वैचारिक समानता के बिना भी साहित्यिक सम्बन्धों में सहजता घटित होती है। किसी भी मैत्री का लम्बे समय का स्फूर्त आश्वासन जरूरी नहीं। हिन्दी विभागों की गुरु-शिष्य परम्परा में से उभरती भक्ति-भाव की मित्रताएँ इसका अपवाद मानी जाएँगी। यहाँ गुरुवर के बन्धन से बँधे शिष्यजन किसी विरोध, प्रतिरोध को मासूमियत से अनदेखा किए रहते हैं और गुरु-शिष्य के बीच मित्रता का भक्ति-भाव बना ही रहता है।

सेहतमंद बात बस इतनी भर कि आज का बौद्धिक इलीट ऐसी बेरुखियों को दूर तक पालता नहीं। वह तत्परता से 'तत्काल' का नया दामन पकड़ता है। आखिर साहित्य के रचनात्मक पर्यावरण की सतरंगी क्यारियाँ किस मर्ज की दवा हैं। मित्रताएँ इसी सम्पर्कवाद के दोस्ताना लेन-देन पर ही उभरती हैं। आप मेरी प्रशंसा करें और मैं आपकी।

साहित्य में ताजा-ताजा पदार्पण करनेवाले लेखक विनम्रता से एक दूसरे से जुड़े रहते हैं। कुछ गहरी निष्ठावाली यारबाजी में एक दूसरे से कुछ सीखते रहते हैं। ठीक इससे उल्टा, कुछ शातिर राजनीतिक उन्मादियों की तरह छल-कपट में व्यस्त हैं। अपना देसी साहित्य-संसार अपने यहाँ के राजनीतिक दलों के रूप-स्वरूप, वितंड, विद्रूप और एक साथ निन्दा और महिमा की क्लासिक स्थितियों से बरी नहीं। इन्हीं की चर्चा कभी किसी रचना को उठाती है, कभी गिराती है और कभी दोनों के बीच में ऐसे लटकी रहने देती है कि चाहो तो ऊपर चढ़ा दो, चाहो तो नीचे गिरा दो और प्रभावशालियों के धक्के से उसे रवीन्द्र भवन की दहलीज तक सरका दो। ऐसे करने-धरने में साहित्यिक मित्रताएँ रंग लाती रहेंगी। कपट-झपट के चलते भी हसीनों की भीड़ दमदमाती, चमचमाती रहेगी।

रहा मीडिया, प्रेस, राजनीतिक दल और राष्ट्रीय शोर—वह काफी हद तक कभी साहित्य की सीमाओं से बाहर है, कभी अन्दर। लोकतांत्रिक साहित्यिक बिरादरी की बोलने, सोचने और सुननेवाली खास सक्रियता अपनी ही रचनात्मकता में व्याप्त हो रही है।

गिरधर राठी साहिब की यह पंक्तियाँ हमारे इस समय को कुछ ऐसे प्रस्तुत करती हैं—

दरअसल हम वह नहीं बोलते जो सोचते हैं,
यदि हम वह सब बोलें जो हम सोचते हैं
तो दो ही काम रह जाएँगे
सोचना और बोलना
जिस रफ्तार से हम सोच पाते हैं
उस त्वरा से बोलना संभव नहीं
न ही युक्तिसंगत—

दोस्तो, मित्र के रूप में गिरधर के पास कुछ ऐसी सहज संलिष्टता है जिसके द्वारा एक सेहतमंद मित्रता द्विभाषी होते हुए भी निथरकर उभरती है। जो आप सुन रहे हैं, आप तक पहुँचते ही वह स्वयं भी उसका उत्तर टटोलने लगती है। ऐसे में ही छोटा-बड़ा लेखक हर दूसरी लेखकीय हस्ती में अपने को देखने की प्रक्रिया जुटाता है।

सोचना और बोलना। जिस रफ्तार से हम सोचते हैं उस त्वरा से बोलना संभव नहीं। न ही युक्तिसंगत—

फिर भी साहित्य में शामिल होनेवाले लेखक एक दूसरे के सगे बनकर एक दूसरे की रचनाओं की पहचान करते, करवाते हैं। यह मित्रताएँ उन्हें अपनी और दूसरों की रचनाओं को तुलनात्मक ढंग से पहचानने की तालीम देती हैं। इसमें कोई अतिशयोक्ति नहीं कि साहित्य की राजनीति भी सत्ता के पैंतरों से कमतर नहीं। देश की अनेक क्षेत्रीय भाषाओं, बोलियों की दूरियाँ, निकटताएँ इसी साहित्य-संसार में मिल-जुल जाती हैं। कहना होगा कि आज की लेखकीय कार्यशीलता में आर्थिक संघर्ष का दायरा पहले से तंग नहीं रहा। उसके लिए कई नई राहें खुली हैं। शब्द-संस्कृति पर बहार छाई है। प्रकाशन का विस्तार बाजारोन्मुख, विज्ञापनोन्मुख, छपासोन्मुख प्रसार में है।

याददाश्त में राजपुर रोड पर स्थित डिवलेपिंग सोसायटी की एक शाम कौंध रही

है। यूँ तो उन दिनों उस संस्थान में हम जैसों की उपस्थिति का कोई कारण नहीं था, पर हमें उस शाम का निमन्त्रण समाजशास्त्री जनाब आशीष नन्दी साहिब से मिला था। उस शाम सोसाइटी में विशेष प्रस्तुति थी—सुधीर कक्कड़ साहिब की। संस्थान में रोबीले अकादमीशियनों के गुच्छे में गिरधर राठी को देखकर हम कुछ सहज हुए। हशमत सर्जनात्मक रचनाकारों और अकादमिक वरिष्ठों के फर्क को पढ़ने के आदी रहे हैं। दोनों दिशाओं में विचार और संवेदन के फरोल की विधियाँ ठीक एक दूसरे से भिन्न और मंजिल लगभग एक-सी। उस शाम सोसाइटी के सेमिनार-रूम में जो मानवीय मन का विचलित ध्वनि-संसार बुना गया, वह आज भी हमारे स्मृति चैनल पर रिकॉर्ड की तरह सुरक्षित है।

सुधीर कक्कड़ साहिब की ये प्रस्तुति कुछ ऐसी थी जैसे किसी उपन्यास का टैक्स्ट आपकी आँखों के आगे प्रत्यक्ष होता चला जाए। मानना होगा, उस शाम ने हशमत की रचनात्मक सीमाओं को जाग्रत किया।

दोस्तो, उस शाम इत्तफाक ही था कि लौटते हुए हमने गिरधर राठी साहिब और सुधीर कक्कड़ को पास-पास खड़े देखा। हालाँकि दो अलग-अलग लोगों से बात कर रहे थे। हमने पास जा उनसे विदा ली और घर लौटते हुए उन दो हिन्दुस्तानी पके साँचों की बात सोचते रहे जो अपने-अपने वजूद में भारतीय लुनाई की छवि प्रस्तुत कर रहे थे। देश की दो क्षेत्रीयताओं की अलग-अलग अदा। साहबो, अपने दिमागी चैनल पर यह दोनों मुखड़े साथ-साथ अंकित हैं। हमारे दोस्त गिरधर और हमारी समाजशास्त्रीय दृष्टि में इजाफा करनेवाले सुधीर कक्कड़ साहिब। गिरधर का पका हुआ साँचा उस आम भारतीय शख्सियत का स्वरूप है जो खानदानी सहूलियतों से सजी-धजी नहीं लगती और न ही कवियों की तड़क-भड़क से लैस। वह खुद ही खुद की तरह लगती है। दोस्तो, जब हम गिरधर के लेखन से परिचित हुए तो मालूम हुआ कि वह न सिर्फ कवि हैं, निबन्धकार, आलोचक, सम्पादक, अनुवादक और ढंग से सोचनेवाले वैचारिक भी। इतनी सम्पदा के होते माथे पर न सर्जक होने की शोखी, न उदासी, न अवसाद और न बेचैनी। अजीब तरह की अन्यमनस्कता जिसका शायद उन्हें भी मालूम न हो।

गिरधर के शब्दों की गुमसुम आहटें बिना शोर-शराबे के सुननेवालों को खामोशी से ही चौंका देती हैं। एक दूसरे के संवेदनीय तर्क के मुखड़े बिना किसी दबाव

के किन्हीं मूक छवियों की अन्तरंग तरलता में सहज ही स्पष्ट होते हैं। वह अपने कथ्य पर कॉमेंट्री नहीं करते। संवाद की चढ़त-बढ़त में कुछ भी आरोपित नहीं लगता। वह सुननेवालों के अन्तर में कहीं बेखबर पड़े अहसासों को उघाड़ते चले जाते हैं। साहित्यकारों में ऐसी बौद्धिक पारस्परिकता बिना बड़बोलेपन उनके चितकबरे मानसिक गलियारों में से ही गुजरकर एक दूसरे तक पहुँचा करती है।

ऐसी मित्रता में एक-दूसरे के शब्द दोनों ओर से उतने ही पहुँचाए जाते हैं जितने एक दूसरे में अपने-अपने संभाव्य को तलाशने की क्षमता हो। भाषा और विचार को लेकर ऐसी रचनात्मक तराजू दुर्लभ है और मुश्किल से हाथ में आती है। गिरधर राठी इस प्रक्रिया में गम्भीर मुद्दों और मसलों को कैसे देखते हैं, उन्हीं के शब्दों में पढ़ें तो यह विशेषता उभरकर ऊपर आती है।

> "हर युग के नए यथार्थ को नए सिरे से पहचान कर आदर्श भी नए सिरे से गढ़ने होते हैं। न्याय, समता, स्वतन्त्रता जैसे मूल्य और आदर्श हू-ब-हू आज वैसे नहीं रह गए जैसे पुराने राजतंत्र में पुरुषप्रधान छुआछूत, वर्णाश्रम वाले भारत में। निजी जीवन की तरह ही इतिहास भी बहुत कुछ जोड़ता, तोड़ता, छोड़ता हुआ चलता है। जिस तरह शुद्ध आर्य रक्त कहीं नहीं बचा, उसी तरह शुद्ध संस्कृति भी नहीं।"

दोस्तो, जातिवाद की रस्सी में बँधे, लोकतंत्र के बराबरी के मूल्यों के बरक्स भी जब संकीर्णता पुराने अभ्यास पर चालित है, ऐसे में सोच का यह सन्तुलित दायरा साहित्यिक मित्रताओं में भी कमतर ही दीखता है। मूल्यों के प्रति यह बौद्धिक रुखाई रचनाशीलता को भी अनुशासनीय आत्मीयता से दूर करती है। हिन्दी साहित्यकार अपनी पुरानी मानसिकता, आर्थिक परेशानी और बेचैनी से मुक्त होने की प्रक्रिया में से गुजर रहा है। फिर भी लोकतांत्रिक जलवायु में क्षेत्रीयता और जातिवाद का प्रकोप बना हुआ है। आखिर तो राष्ट्र को एक इकाई के रूप में स्थापित करने का जितना जिम्मा सत्ता के तंत्र का है, उतना ही बल्कि उससे कहीं ज्यादा बुद्धिजीवी रचनात्मक बिरादरी का भी है। सुखद इतना ही कि छह दशकों के लोकतंत्र में कुछ छोटे-बड़े गुच्छे अपने लेखकों के मिल जाएँगे जो ऐसी आस्था बनाए रखे हैं कि गाँव, नगर, महानगर में से निकलता राष्ट्र सीमाओं, सीमान्तों तक हमारा है और एक है।

भारतीयता के इस भौगोलिक, ऐतिहासिक और सांस्कृतिक अस्तित्व में एकत्व और बराबरी के संस्कार के प्रति इस सोच बिन्दु को गिरधर के यहाँ देखा है :

दूर है दर्शन
संवाद दूरभाव
खत मेरा दूर लेख
दूर जो भी है वह
मेरे नजदीक
कहीं दूर कहीं बहुत दूर
मुझसे दूर
खिसकता चला जा रहा है
मेरा घर
जो मेरा गाँव भी था
प्रदेश भी
देश भी

–गिरधर राठी

गिरधर राठी को हम उनके सरोकारों के लिए पढ़ते हैं जो अन्तरधाराओं में ही सुगठित और अनूदित नहीं लगते। गिरधर के यहाँ भारतीय इतिहास, मिथक, पुराण, परम्पराएँ भी धड़कते रहते हैं। वह अपनी सोच में सतत सावधान। कुछ ऐसा तत्त्व कि अपने लेखक के भीतर पसरी किसी संयोजित दुनिया में से तलाश लाने के लिए स्वयं अपने को तलाशते हों। न लेखन की बहुतायत और न व्यावहारिकता के दबाव में आज के सम्पर्कवाद की नुमाइश। उनके कथ्य में अकसर शब्दों की गुमसुम आहटें श्रोता को चौंकाती हैं–वह उनसे सहमत हो या नहीं।

> ''असल बात यह कि बौद्धिकों की भूमिका पर विस्तार से विचार करने की जरूरत भी है। आज की तारीख में कुछ ऐसे कहें कि जितना बड़ा संगीतकार उतना महँगा और बड़ा उसका वाद्य-यंत्र। जितना महँगा वाद्य-यंत्र उतना ही बड़ा संगीतकार का समाज में ओहदा, उतनी बड़ी उपाधि। सफलता, पैसे और सत्ता का यह भाईचारा आपको अकेला खड़ा कर देता

है। बाजार की ताकतें समुद्र तटों के दीन-हीन मछुआरे भला सशक्त मछेरी मोटरबोट से कैसे लड़ेंगे? प्रदेशों के गरीब और दूधवाले उस माफिया से कैसे लड़ेंगे, उस दूध-माफिया से जो विशुद्ध जहरीली चीजों से नकली सफेद दूध हजारों टन धड़ल्ले से बेच रहे हैं।''

दोस्तो, पलक झपकने की देर और लगा, गिरधर राठी की यह पंक्तियाँ तो कुछ बेमतलब-सी लग रही हैं। आज की तारीख में उन मछुआरों से हमदर्दी जताने का भी क्या कोई औचित्य रह गया है, जबकि देश के बड़े-बड़े जहाजी मछुआरे कप्तान सत्ता के समुद्र में ऐसे विशाल जाल डालने में माहिर कि बड़ी-बड़ी व्हेल मछलियाँ दबोच लें।

जय घोटाला तंत्र। एकाएक हशमत को लगा कि आखिर गिरधर राठी पुराने कैलेंडरों की तस्वीरों से यह गई-गुजरी तारीखें क्यों जमा कर रहे हैं? आखिर इससे लोकतंत्र की कितनी तो नुमाइश होगी और कितना राजनीतिक अलंकरण होगा। रहा लोकतांत्रिक मूल्यों का पुलिंदा, नागरिक समाज उसे देख-देख नया इतिहास रचेगा। दोस्तो हमने कुछ खीज में, और कुछ उम्मीद में गिरधर राठी की एक और किताब खोल ली। 'अंतस्थ'। पढ़ने लगे।

> ''नई सदी की दहलीज पर हिन्दी साहित्य, साहित्य के इतिहास पर लौटे वर्गदृष्टि और वर्ग विश्लेषण के तकाजों के तहत भी साम्प्रदायिकता अर्थात संकीर्णता या प्रतिक्रियावाद के बहुविध आरोप हैं। इतिहास में स्त्रियों के साहित्यिक योगदान की उपेक्षा के आक्षेपों के साथ नारीवादी विमर्श का आरोप है कि साहित्येतिहास और साहित्य-दृष्टि लिंगवाद से दूषित है।
>
> दमित, उपेक्षित या पीड़ित दलितों का यह आरोप तीखा होता जा रहा है कि हिन्दी साहित्य और इतिहास दोनों ही ऊँची जातियों और ऊँचे वर्गों के, ब्राह्मणवाद के वकील और पुरोहित हैं। अनेक क्षेत्रों के रचनाकारों की शिकायत यह है कि इतिहास लेखन में समुचित स्थान उन्हें नहीं दिया गया।''

आज की तारीख में इन बहस के मुबाहिसों से भला कौन अनजान होगा। और कौन सिरफिरा ऐसे जन्मगत सांस्कृतिक मसलों को अपने साहित्यिक संवाद में शामिल करने की जुर्रत करेगा। ऐसी गम्भीर समस्याओं से जुड़ी जातिगत पेचीदगियों पर रिसर्च होने दो और रचनात्मक स्तर पर लोकतांत्रिक सिद्धान्तों को साहित्य में पनपने दो।

गिरधर का लेखक एक ऐसा व्यक्तित्व है जो दशकों-दशकों अपने आसपास एक खास तरह की लेखकीय निजता को निभाता आया है। वह न सिर्फ अपने आन्तरिक को प्रतिबिम्बित करता है, वह अपनी निगाह में देश, काल और समाज, सत्ता, सामरिकता को भी सामने बनाए रखता है। 'अंतस्थ' के अनुक्रम पर नजर मारें तो उनके मानसिक पर्यावरण की तासीर का जायजा लिया जा सकता है–

– हिन्दी साहित्य नई सदी की दहलीज पर
– उत्तर आधुनिकता के इतिहास का यथार्थबोध
– अनुवाद और अंतरात्मा
– परमाणु बम किसे डराता है
– राष्ट्रवाद के बदलते स्वरूप
– हमें नहीं मालूम था–पर उन्हें सब मालूम था
– नए नए नियतिवाद
– मत विवेक कराह
– निराशा में कर्तव्य
– अहं, अहं और अहंकार
और
– अनेक अन्य बौद्धिक प्रस्तावनाएँ–

'अंतस्थ' का पाठ किसी भी पाठक के लिए विचार-सम्पन्नता का गहरा प्रभाव छोड़ने की सामर्थ्य रखता है।

सूचना प्रोद्यौगिकी के सर्वव्यापी संचार की चाल और अर्थव्यवस्था के दबावों तले साहित्य की रचनात्मक और संवेदनात्मक वैचारिकता लगभग गौण हो गई लगती है। दृश्य-श्रव्य के दबाव को पचाने के बाद साहित्यिक बिरादरी के पास लेखकीय मर्म

और सोच-विचार का समय कम ही बचता है। यही वजह है कि रचनात्मक साहित्य की गहनता के बदले विधाओं पर उभरी तह का निखार व्याप्त है। इस बदलती प्रक्रिया ने लेखकीय अस्मिता की एकान्तिकता को व्यक्ति की आत्मीयता और वैचारिकता के बदले ऊपरी सँवरन से चमका दिया है। लेखकीय अन्तर की अनुभूति, कल्पनाएँ और उनके शिरानाल का तरल संवेदन शुष्क हो उसकी ऊपरी सँवरन में प्रत्यक्ष होने लगे और लेखन पर तंत्र और राजनीति के व्यावहारिक मूल्य और उसके यथार्थ का दबाव ज्यादा होने लगे तो राजनीति की आक्रामक सामाजिकता साहित्य पर हावी हो जाती है। लेखक बिरादरी को इस नए भूमण्डलीय सम्प्रेषण और प्रचार-प्रसार के साथ-साथ अपने मूल अस्तित्व को भी सुरक्षित रखने की सम्भावनाओं पर आँख रखनी होगी ताकि साहित्य और साहित्यकार के गम्भीर सरोकार सम्प्रेषण साधनों के नए उपक्रमों में गुम न हो जाएँ। दोस्तो, गिरधर राठी के निबन्धों का तार्किक मुखड़ा और लेखकीय रसायन हम लेखकों के मानसिक द्वन्द्व को प्रत्यक्ष करते हैं। वह बाजार की आक्रामक शक्तियों से अनभिज्ञ नहीं और अपने पिछवाड़े की साहित्य परम्पराओं और आज की क्रियात्मक व्यवस्था को भी गहरी चिन्ता से देखते हैं। क्योंकि साहित्य की बौद्धिक संवेदनशील ऊर्जा और आज के कार्यशील लेखन को नई वैज्ञानिक संहिता से भी तालमेल बिठाना होगा।

शंभुनाथ

प्रभुपाद गुड़ गुलगुले महाराज

"वह भी खुश हैं जो अकलमंदी से दूसरों को इस्तेमाल कर रहे हैं, वह भी खुश हैं जो किन्हीं इशारों पर इस्तेमाल किए जा रहे हैं, वह भी खुश हैं जो अपनी मर्जी से इस्तेमाल हो रहे हैं, और वह भी जो बेतकल्लुफी से इस्तेमाल होने का इन्तजार कर रहे हैं।"

आज के वक्तों में हम लेखकों की वफा भी उनके साथ होनी चाहिए जो किसी न किसी जुर्म की गिरफ्त में आ चुके हैं। आखिर भलमनसाहत और ईमानदारी भी किस काम की अगर हम दीमक लगी को ऐसे वक्त में धूप न दिखा सकें।

दीनदयाल श्री 2010 प्रभुपाद गुड़ गुलगुले महाराज सतगुरु शंभुनाथजी, आपके 'दिल्लीवादी' भक्तगणों की ओर से चरणस्पर्श और चरणवन्दना।

भगवन, 'जनसत्ता' में प्रकाशित आपके लिखित प्रवचन ने भूमण्डलीय नस्ल के प्रबुद्धों में ऐसा गहरा शक्ति-संचार किया है कि उनके दिल और रवीन्द्र भवन के गलियारे एक साथ जगमगा उठे हैं।

प्रभुवर आपकी दूरदर्शिता और बौद्धिक रणनीतियाँ स्वयंसिद्ध हैं। आपकी वैचारिक क्षमताओं ने तो इस गुलगुली विवाद पर लोहा फिरा दिया है। अब न सामसुंग और साहित्य अकादमी के बीच हुए संधिपत्र पर कोई शिकवा-शिकायत, न कोई बदमजगी और न ही बेकायदगी। सब साफ-सुथरा और भारतीय मनीषा की मर्यादा के अनुसार और अनुरूप।

इस बौद्धिक व्यापार में आपका करतब भी तो कमाल का ही रहा। साहित्य अकादमी जैसे राष्ट्रीय संस्थान पर आपने गुड़ गुलगुले शीर्षक चस्पाँ कर दिल्ली के भीरू लेखक समाज के चटोरेपन की जो गहरी व्याख्या की है वह कितनी सटीक है! देसी भाषाओं के इतिहास में तो अभूतपूर्व।

ऐसे विवादी मुद्दे को लहकाने-लशाने से भला कभी भी क्यों न फायदा हो? आप पुराने और प्रसिद्ध तजुर्बे के मालिक होकर जानते ही हैं कि एक बार गुलगुले बन गए तो रसोई ठंडी। कृपानिधान आपकी सेवा में यह टुच्चा रुक्का इसीलिए कि विरोधी विचारों वालों को साहित्य अकादमी के पट्टे नहीं मिलते। यह दिल्लीवादी लेखक साहित्य अकादमी के पट्टों के बिना ही पगलाए से अवा-तवा बोला करते हैं। बौद्धिक विकास के इस ऐतिहासिक चरम को अधमिची आँखों से देखते हैं। इस बहुराष्ट्रीय प्रक्रिया को समझते ही नहीं।

बकौल आपके बदकिस्मती से हिन्दीवादी अधकचरे लेखक भूमण्डलीय राजनीति और संस्कृति-सन्दर्भों को क्या जानें। अब भी सूर, तुलसी, कबीर और बिहारी सतसई ही दोहराते रहते हैं। बिचारे!

राजधानी के इन मलंगों को आपने क्या नया नाम दिया है—दिल्लीवादी। जय शिवशंकर!

महाराज हिन्दी-संसार बहुत बड़ा है। आँकड़े जरूर आपके पास होंगे। तथाकथित दिल्लीवादी रजधनिया लेखक बिरादरी को क्या यह उलाहना देना वाजिब है कि

वह दूसरे प्रदेशों के लेखकों को गरदानती नहीं! क्या खूब फिकरा कसा है! आप साहित्यिक महानगर कलकत्ता के निवासी दिल्ली में रहनेवाले हशमत को कहाँ जानते-पहचानते होंगे। आप जानते होंगे हिन्दी विभागों की कुर्सियों को, अकादमियों के अहलकारों को, पत्रकारों और मीडिया से जुड़े प्रसिद्धों को—बाहर से आकर जो दिल्ली-निवासी बने।

गुरुवर जब तक हमारे पास हिन्दी विभाग की मुख्त्यारी नहीं—हम कोई खास लेखक भी नहीं। यूँ ही मामूली। यकीन मानिए इस मामूलीपन पर हमें कोई शिकवा-शिकायत भी नहीं, क्योंकि हम जानते हैं कि असली खींचातानी और रंजिश विद्वानों और रचनात्मक अधकचरों में है।

महाराज इस टोटके-टंटे को बाहर ही रहने देते तो अच्छा होता। पर राष्ट्रीय साहित्य अकादमी से दूरी का स्वांग भी आपके लिए जरूरी ही था। नहीं तो हिन्दीवादी की जगह 'दिल्लीवादी' शब्द घड़ने की नौबत क्यों आती? आप शायद जानते नहीं कि राजधानी दिल्ली में असल दिल्लीनिवासी लेखक तो हैं ही चुटकी भर। क्या आप जानते हैं कि प्रदेशों से दिल्ली में आए लेखकों के रौबीले आँकड़ों में 'दिल्लीवादी' लेखकों का प्रतिशत ही क्या है? सिर्फ सुनी-सुनाई पर तर्क झाड़ने के लिए आप उन्हें मराठी मानुष वाली दिलजली गाली दे रहे हैं। सावधान! राजधानी में इसकी आवाज तक नहीं उठनी चाहिए।

मगर गुरुदेव इतना समझ लीजिए कि आपका दिल्लीवादी शब्द न सिर्फ काबिले-ऐतराज है, वह उस नहूसती मानसिकता को भी प्रकट करता है जो हिन्दीवालों को लगातार साहित्य अकादमी का विरोधी समझता है।

गुलगुले महाराज, दिल्ली-निवासी इतनी तंगदिली से लोकतान्त्रिक और राजनैतिक सांस्कृतिक मुद्दों को नहीं अरखते-परखते। उनके पास राजधानी का दृष्टिकोण है। वह मुद्दों को स्थानीय सीमाओं के पार भारत-भर के परिदृश्य की निगाह में रखकर सोचते हैं। जाँचते हैं। आपको यह शक कैसे हुआ कि दिल्लीवादियों को वह सब नहीं मालूम जो आप उन्हें गुड़ गुलगुलों में कृपापूर्वक पहली बार बता रहे हैं!

साहित्य अकादमी के प्राचीन सात्विक सन्दर्भ में आप पर बुजुर्गी इतनी हावी हुई कि दिल्लीवादी लेखक-परिवार के फास्ट-फूड और विदेशी दारू पर बरसने

लगे। आजादी मिले साठ बरस हो चुके। दारू जिसको 'चाय' का दर्जा मिल चुका है उसे आप अब भी दारू के नाम से पुकार रहे हैं। दारू देसी है—सन्तरा, माल्टा, बाकी तो अब बहुराष्ट्रीय ड्रिंक हैं।

क्या पते की धमक और धसक है गुलगुली पीढ़ी की? महाराज आप ही के शब्दों में दिल्ली के हिन्दी प्रभुसंसार में पुरस्कार देने के चार आधार हैं। वृद्धावस्था, जातिवाद, राजनीतिक दल और दारूबाजी। बकौल आपके पुरस्कार के लिए चयन का कोई पाँचवाँ कारण नहीं होता।

गुरु शंभुनाथजी महाराज, आपकी अनुभवी सक्रियता को नमस्कार। बारम्बार। प्रभो, पीढ़ियों की सोच के दरमियान कहीं कुछ गड़बड़ जरूर है। अकादमी के इशारे पर आप लेखक समाज को ऐसे धमकाने लगे ज्यों सभी आपके शिष्य रहे हों। सिर पर मुगालतों और गलतफहमियों के बोझ अब भी क्यों उठाए फिर रहे हैं आप। स्वतन्त्रता-प्राप्ति के छह दशकों के बाद भी आप यही समझे बैठे हैं कि व्यक्ति नागरिक में लोकतान्त्रिक मूल्यों के प्रति जागरूकता नहीं है, वह अब भी पुराने ढाँचे में घूम-फिर रहा है, सोच-विचार को बाहर रखकर अकादमियों के तीर्थ में कदम रखता है, सिर्फ भक्तिभाव से अन्दर जाता है।

सामसुंग टैगोर साहित्य पुरस्कार के जिस विवाद को लेकर आप यह प्रायोजित टीका-टिप्पणी कर रहे हैं उसके अन्तर्गत हिन्दी को मिलनेवाला पहला सम्मान राजी सेठ को मिला है। इस चयन में आप वाले चार कारण मौजूद नहीं हैं—पाँचवाँ श्रेष्ठ ही मौजूद है। विशिष्ट लेखनी के अधिकार से यह सम्मान राजी सेठ तक पहुँचा है। रचनात्मकता की संयमित मर्यादा से उन्होंने इसे अर्जित किया है।

गुरुवर आप तो बड़े आलिम फाजिल हैं। जानते ही होंगे कि विद्वत्ता और क्रिएटिविटी के बीच की दूरियाँ ही ऐसे विवादों को जन्म देती हैं। जहाँ तक सामसुंग और साहित्य अकादमी की साझेदारी वाले टैगोर पुरस्कार पर उठे विवाद का तआल्लुक है, साहित्य अकादमी लोकतान्त्रिक मूल्यों को बलाए-ताक रख—ठेठ पुरानी रियासती अदा में इसे 'हिन्दी वालों' की कारस्तानी बता रही है। आमतौर पर विरोधी खुराफातें हिन्दी के जागरूक साहित्यकारों के जिम्मे ही मढ़ी जाती हैं। हिन्दी पर लगातार बढ़ते दबावों को कौन नहीं जानता? रवीन्द्र भवन की इमारत में यह ऐतिहासिक इबारत लिखी पड़ी है। ऐसा तो सोचिए भी नहीं महाराज कि तथाकथित

दिल्लीवादी बिरादरी इससे अनजान है। जो आपको जानना चाहिए उससे आँखें मूँदकर आप गुड़ और गुलगुलों के प्रस्ताव प्रकरण पर ठिठक गए। क्यों—यह बात हिन्दी परिवार की समझ के बाहर नहीं। दीनदयाल, आपने निगाह उधर क्यों नहीं घुमाई—सभी हिन्दी प्रदेशों के लेखक इसे भली-भाँति समझते हैं। जिस बात पर साधारण लेखकों का विरोध है उसे अनसुना-अनदेखा कर ढेर करनेवाली तरकीबें बराबर जारी हैं।

हमें यह मानने में कोई संकोच नहीं कि भारतीय भाषाओं के लेखक (अंग्रेजी को छोड़कर) कमजोर वर्ग की श्रेणी में ही गिने जाते हैं। भारतीय समाज लेखन को साधना का ही प्रतिरूप मानता है। बाहर की दुनिया में जो भी होता रहे, शब्द-संस्कृति की शालीनता और सहनशक्ति को ही इसकी गरिमा का प्रतीक समझता आया है। अगर ऐसा न होता तो साहित्य अकादमी पुरस्कार को केवल दस हजार से 50 हजार तक पहुँचने में लगभग पचास-पचपन बरस न लगते। हालाँकि साहित्य अकादमी के खासे बड़े बजट में इसकी गुंजाइश बराबर बनी रही है। विस्मयकारी और बेमिसाल। जिस साहित्य और साहित्यकारों के लिए संस्थान का लम्बा-चौड़ा अमला है, उनके ढाँचे की शोभा बढ़ानेवालों की बारी सबसे आखिर में। हाँ, लेखक हमारी कृपाओं के बल पर।

लेखकीय परिश्रम की बढ़त के लिए सामूहिक आकांक्षा को चरितार्थ करनेवाली राष्ट्रीय साहित्य अकादमी की पाबन्दियाँ साहित्यकारों पर कम दिलचस्प नहीं रहीं। लेखकगण सैकड़े और हजार ही गिनते रहें, तब तक जब तक साहित्य अकादमी को कोई बहुराष्ट्रीय कम्पनी बड़ी राशि देने का ऐलान न कर दे। भारतीय परम्परा में रचनाकारों का नहीं, विद्वानों का हस्तक्षेप था 10 हजार से 1 लाख तक का प्रावधान करने में।

साहित्य संगठन संस्थान और लेखकीय समाज के कल्याण हेतु, लेखक समाज के परिचय-पत्र बनानेवाले शक्ति-गलियारों के नाद स्वर जितने भी ऊँचे हों—उन्हें संगत देनेवाले अपनी कला में माहिर हैं। प्रशासनीय ऊर्जा का प्रदर्शन कुछ ऐसा कि सेहत की रोशनी संस्थान पर नहीं, संस्थान को चलानेवालों के मुखारविंद पर ही बनी रहे। काम चलता रहे और उनके कौशल का महिमागान होता रहे। इन सुरक्षित स्थितियों से न तो कोई लेखक उचाट हो, न निराश हो। विश्वास इतना

बना रहे कि विरोध करने की न जुर्रत हो और न ही हमारी सोच और संचालन में कोई हस्तक्षेप हो।

भाषाओं की विचार सामूहिकता को अनदेखा करना अथवा उन्हें नियमों के बाहर संचालित करना बौद्धिक वर्ग को नियन्त्रित करने का ही योजनाबद्ध आरम्भ हुआ करता है। अनुशासन और नियम धीरे-धीरे कुतर दिए जाते हैं। फिर न कोई बखेड़ा होता है, न विवाद उठते हैं। सिर्फ जी हजूरियों की मुद्रा में मालाएँ पहनाई जाती हैं। तिलक लगाए जाते हैं।

उधर खाँचे में नियन्त्रित न होने की विवशता और मानवीय लोकतान्त्रिक मूल्यों की प्रखर प्रतिबद्धता में से कुछ बचा सकने का सन्तोष लेखकीय वैचारिकता को सुरक्षित रखता है। हम लेखक इतना तो जानते हैं कि साधन-सम्पन्नता वाली सामाजिक अर्थव्यवस्था के गुण और उससे जुड़ी गुणात्मकता रचनाकार के गहन को मुखर करते हैं और अभावों से उभरते हस्तक्षेपी तनाव संवेदन से टकराते कभी बौद्धिक ऊर्जा-ऊष्मा का स्रोत बनते हैं, कभी उसकी रचनात्मक सम्भावनाओं का क्षरण करते हैं। इस पर सोचने का समय साहित्य अकादमी के पास नहीं।

पुरानी पीढ़ियाँ जिन अनुभवों में से गुजरी हैं–जिन हकीकतों को झेल चुकी हैं–हम ताजे नागरिकों की युवा पीढ़ी से वैसी ही सहनशक्ति की उम्मीद क्यों कर करें? व्यक्ति के सामाजिक, राजनैतिक और आर्थिक सन्दर्भ गहरे बदलावों की दखलअन्दाज प्रक्रियाओं में से गुजर रहे हैं–ऐसे में उनकी सुविधाओं में कटौती क्यों की जाए! भूमण्डलीय व्यवस्था से संचालित वैश्विक संस्कृति के प्रभाव तले साहित्य की मौलिकता तक निशाने पर है। मीडिया और उससे जुड़ा एक बड़ा सम्प्रेषण-तन्त्र। क्या प्रिंट मीडिया की भी कुछ हैसियत बचाए रखेंगे? जो भी हो, आपका ऊपरी खोल पहले से कहीं ज्यादा सुसज्जित, मंडित है। नए सभागार के लिए मुबारकबाद। इसके वजूद में आने के अन्तर्निहित मूल्यों का आकार-प्रकार जो भी हो, जैसा भी, महाराज इस मुद्दे की जोरदार पैरवी करने के लिए आपको भरपूर शंसा। मानना होगा कि भारतीय लेखक लोकतान्त्रिक व्यवस्था की ओर उन्मुख हैं। तानाशाही के सन्देह और अविश्वास के पक्ष में लेखकीय स्वभाव की लोकतान्त्रिक प्रतिक्रियाएँ गुलगुली नहीं, खासी कड़ी होती हैं।

विश्व-प्रसिद्ध सैमसुंगी टैगोर पुरस्कार की बड़ी राशि में से एक लाख की तामीद बाँधकर उसमें से कुछ हजार इसलिए कम कर दिए जाएँ ताकि 60 बरसों बाद साहित्य अकादमी का एक लाख का इकलौता अंक किसी दूसरे पुरस्कार सम्मान से कम न रहे। ऐसा करने में रवीन्द्र भवन के साथ रवीन्द्र नाथ टैगोर की लेखकीय गरिमा का कोई नुकसान न होगा, इसका पूरा यकीन साहित्य अकादमी को है। वाह और आह एक साथ!

रवीन्द्र कालिया

छह फुटिया हस्ती

जनाब

अखाड़ेबाज एडीटर साहिब, आप जैसी छह फुटिया हस्ती को हशमत का आदाब। आज के बहुरूपिया कमीने वक्तों में कौन किसको घात लगाकर इस्तेमाल कर ले, कौन किस शातिर के हाथों इस्तेमाल हो जाए, यह किसी को पता नहीं। कौन लैंडमाफिया हथियारों से पुरानी इमारत को धराशायी कर दे, कौन नई बनी इमारत पर अपनी हंडिया लटका दे, कौन हुड़के हुए हत्थकंडी यार-दोस्तों को लशा दे–यह हम क्या जानें? इसे तो जानें सम्पर्कवाद के धुरंधर पंडित, ज्ञानी जो अपने कौशल से सँभाले हुए हैं बड़ी अदबी बिरादरी की जजमानी।

कब किसका महिमागान करना है, किसको उखाड़ना है, किसे फाँसना है, किस जजमानी टोले का आदर-सत्कार करना है–किसका जीते जी श्राद्ध पढ़ना है–यह आप जैसे चतुर सुजानों का काम है जिनकी चतुराई अपनी गद्‌दी से उतर चुकी है और दाँव-पेंच से दूसरों पर कब्जा करने की तैयारी में हैं। ऐसा करने को सभी गुण गुर शामिल हैं जो अगले को उसकी पटरी से उतार दें जिस पर यार लोगों की आँख हो।

इसकी मूठ गर्म कर दो, उसको शॉल ओढ़ा दो, नकदी पकड़ा दो। नामुरादी सच पर झूठ की गवाही दे दो, झूठ पर सच की लिपाई कर दो–यह सारे जंत्र-मंत्र गुरु-घंटालों की झोली में। हजूर ऐसे हलकों में आपकी शोहरत कम नहीं। पराई हदों को फलाँगने के लिए जनाब मशहूर रहे हैं। मगर साहिब, इधर हाल में आपकी

डंडीमार हरकतें कुछ ज्यादा ही भड़कीली हो गई हैं। जनाब यह छुटपुट दिखनेवाली जाहिरा और दूसरों की दीवारों में सेंध लगानेवाली रणनीतियाँ मंजिल तक पहुँचा तो देती हैं मगर बरसों में कमाई हुई दानिशमंदी को एक झटके में उड़ा भी देती हैं।

साहिब जिस-तिस का नाम लेकर आँखों के बंटे घुमाने-फिराने की आदत आप जैसों की सेहत के लिए अच्छी मानी जाती है पर माफ कीजिएगा यह नदीदी आदत है बड़ी नहूसत। साफ-शफ्फाफ निगहबानी को धुँधला देती है। आप यहाँ देखें तो आप में बाएँ की भड़क जगाए, आप बाएँ की ओर देखें तो दाएँ की प्यास जगाए। दोस्त, दूरअन्देशी इतनी पास आ जाती है कि खुद को सिर्फ अपना वजूद ही दीखे या फिर उस यार की जिसकी खूबियाँ-खामियाँ आप में अपना तख़्त जमा चुकी हैं। आपके खून में घुल चुकी हैं। वही पुरानी बीमारी घिस्सा-घिस्सी की। आप तो यह अन्दरूनी बातें समझते ही होंगे। एक काबिलियत दूसरे तक पहुँचे और दूसरे की ताकत पहले में घुस जाए।

उस्ताद, तभी वह सुनहरा मौका बनता है कि बातों ही बातों में किसी दोस्त को हलाक कर दे और किसी दुश्मन को गले लगा ले। एडीटर जी साहिब, हमारे कहे को किसी दिलजले लेखक का शिकवा-शिकायत या दिमाग पर छाया कोई पुराना गुर्दो-गुबार न समझिएगा। यह तो आज के वक्तों की हकीकत है! हमें तो अपने गुनाहों के लिए खुद आपसे माफी माँगनी है। पिछली सदी में हुई भूल का

खामियाजा भी तो हमें भरना है। आखिर हमसे हुई वह भूल भी इतनी संगीन कि आपकी सम्पादकीय शान के खिलाफ चली गई।

'वर्तमान साहित्य' के कहानी विशेषांक में आपने इस नाचीज की कहानी को इतना भाव दिया। उस अदना-सी कृति को ऊँचे उठाया, सराहा, उस पर लोगों से लिखवाया और हमने ढंग से आपका शुक्रिया तक न किया। और आपको झुँझलाकर यह कहना पड़ा कि हशमत हमसे कई दरजे घटिया लोगों पर लिख चुके हैं।

हुजूर, बुरा न मानिएगा—आपने जिसके घटियापन की ओर इशारा किया है, वह आपके जिगरी दोस्तों में शुमार किए जाते हैं। हमें अफसोस है कि हमने आपकी शान में रुबाइयाँ लिखीं और न दोहे-चौपाइयाँ, अब घूम-फिरकर सोरठे और सवैये पर नौबत आ गई।

वक्त-वक्त की बात है, फिर भी आप तक पहुँचाना चाहते हैं कि हम आपको भी उनसे कम नहीं मानते। बाकायदा जलन्दरी नस्ल का खलीफा मानते हैं जिसका प्रशिक्षण इलाहाबाद जैसे शहर में हुआ है। आपकी बोलचाल और जुबान पर तो इसका असर जरूर है मगर आपकी अदबी भंगिमाओं में पंजाबी तड़क-फड़क जरा ज्यादा ही नजर आती है। बल्ले-बल्लेवाली जोशीली पंजाबी मुसाहबियत के साथ-साथ इलाहाबादी सयानफ और मंसूबे जमाने की समझ का भी कुछ जुगाड़ कर लेते तो सोने में सुहागा घुल-मिल जाता। रानी मंडी की रिहायश ही यह खत्ता पूरा नहीं कर सकी।

यूँ तो आज की तारीख में मुसाहबियत का अमल बुरा नहीं पर इस शास्त्र और शास्त्र के अनुरूप दूसरों के आत्मन और अध्यात्म का भी खयाल करना पड़ता है। जरा ज्योतिष और तंत्र का भी अभ्यास कर लें तो आपको गहराई, विवेक और व्यापक दृष्टि मिल जाएगी। संगम दृष्टि! संगम दृष्टि आप में सकारात्मक गुणों का समावेश करेगी और फलस्वरूप आपकी कार्यप्रणाली और साहित्यिक उठा-पटक के विषैले कीटाणु कम हो जाएँगे। लगाई-बुझाई की आदत भी रंग बदल लेगी। आत्मा सन्तुष्ट होगी। यश की लिप्सा कम होगी। हाँ एक बड़े नुकसान का अन्देशा जरूर है। अदबी दलाली चलाने में दिक्कतें पेश आएँगी।

हाँ, अपनी रचनात्मकता को 'लॉकर' में रखकर जो उसकी सुरक्षा का

इन्तजाम आपने कर रखा है, उसकी ताली पर आँख रखिए। डुप्लीकेट कोई दूसरा उड़ा ले भागा तो लेखकीय सम्पदा अलग से चोरी में जाएगी और फजीहत अलग से होगी।

हमें इसकी चिन्ता इसलिए कि आप हमारे सबसे जूनियर सम्पादक हुए! अपने लम्बे साहित्यिक सफर में हम महान सम्पादकों के सामने पेश होते रहे। अज्ञेय, भगवतीचरण वर्मा, धर्मवीर भारती, भैरवप्रसाद गुप्त, मनोहरश्याम जोशी, चन्द्रगुप्त विद्यालंकार, कमलेश्वर, नन्दन, भीष्म साहनी, शानी, गिरधर राठी, प्रभाकर श्रोत्रिय, अशोक कुमार, परमानन्द श्रीवास्तव, राजेन्द्र यादव, अशोक वाजपेयी, प्रयाग शुक्ल, विभूतिनारायण राय और नामवर सिंह, देवेन्द्र राज अंकुर– जैसे विद्वानों ने हशमत पर बदगुमानी, झगड़ालूपन या फूहड़पन का आरोप नहीं लगाया। आपने कैसे सोच लिया कि उनके चश्मों के नम्बर आपके चश्मे से ज्यादा थे! आपको चुपके से बता दें कि आपकी आँख पर मुहल्लों का प्रदूषण घर कर गया है। उसी मानदंड से सबको तौलते-जाँचते हैं! आपने उसी कैमरे से हमारी ट्रांसपैरेंसीज उपलब्ध की हैं। उन पर कुछ भी कहने से पहले आपका शुक्रिया। हाँ, नकली चटखारों का असर खुलासा भी जरूरी है, इसलिए कि आप सुनी-सुनाई पर ही तथ्य गढ़ते हैं।

मुलाहिजा हो चैक को कैंची से कुतरने का प्रसंग।

नेशनल पब्लिशिंग हाउस ने अवध नारायण मुद्गल साहिब को 'मयूर' पत्रिका का विशेषांक निकालने के लिए आमन्त्रित किया। उन्हें सभी परिचितों और दोस्तों से सहयोग मिला। 'मयूर' के प्रकाशन के बाद लगभग साल गुजर गया। यार लोगों में यह बात चल निकली कि किसी को कुछ मेहनताना नहीं मिला। उसमें प्रकाशित सामग्री बेगार की नहीं–मेहनत की थी। एक शाम डाक से हमें भी लिफाफा पहुँचा। खोला–पाँच सौ का चैक था। साथ संक्षिप्त पत्र इस आशय का कि प्रकाशन की स्थिति अच्छी नहीं, सो यह राशि स्वीकार करें।

उस्ताद इसी प्रसंग में आपने हमारे हाथ में कैंची पकड़ा दी और समाँ यह बंधा कि हम उस 'चैक' को कैंची से कुतरते रहे! क्या सचमुच!

क्या कल्पना!

हमने खत की इबारत का मजा लिया। अगर हिन्दी प्रकाशन की यह हालत है तो बेचार हिन्दी लेखक का तो कहना ही क्या!

रात मेज पर काम करते-करते वह खत फिर नजर आया। पढ़ा और पैन से चैक पर क्रॉस मार दिया। और एक पंक्ति के खत के साथ चैक को नत्थी कर दिया–यह गुनगुनाते हुए कि बेजुबानी जुबाँ न हो जाए। खत की पंक्ति थी– ‘‘हशमत डिस्काउंट पर नहीं लिखते।’’

हजूर आपने जिस कैंची की बात सुनी और लिख दी–वह तो सीन से गायब थी। हाँ, चैक पर हमारे क्रॉस का असर देखिए! लौटती डाक से दुगुनी राशि का चैक आ गया। हमने हल्के मन से गजल का दूसरा मिसरा गा दिया–

वह कहीं मेहरबाँ न हो जाए!

हो सकता है गजल की दोनों पंक्तियों को ही आपने कैंची बना लिया हो!

अब जनाब हमें बताने की जहमत उठाएँगे कि आपने हमारे हाथ में कैंची क्यों पकड़ाई। हो सकता है किसी कपड़े के व्यापारी ने आपको खबर दी हो कि किसी कपड़ा मिल और बैंक ने मिलकर ‘डैनिम’ के थानों पर विज्ञापन के लिए ‘चैक’ की बुनतर बुन दी है–हशमत उसी को काट-काटकर हाईकोर्ट में कॉपीराइट का मुकद्‌दमा लड़ते रहे।

उस्ताद, तो आप हमें इतना नहीं जानते कि हमारे कार्यकलापों का आपको पता रहता हो। मुकद्‌दमे का जिक्र तो आप भला क्यों करते! कैसे करते! जिस पर आपने नजर गड़ाई थी, वही पाँवों तले से खिसक जाती।

याहू-याहू जो चाहूँ सो पाऊँ वाला मंजर ठहरा। आपकी संस्मरणीय फिक्शन के तो कहने ही क्या! आपने किसी पिटारी की भी तामीद बाँधी है। कुछ ऐसे जैसे पिटारी रखना कोई कानूनी गुनाह हो। और आपके तलाशी लेने पर उसमें से दो-चार ऐ.के.-47 पिस्तौल निकले हों ओर आपको इसकी पुलिस रिपोर्ट करनी हो!

अखाड़ी उस्ताद, आपको तो पुलिस में ही होना चाहिए था। पुलिस और कचहरी में भी हकीकत और कल्पना का बोल-बाला रहता है। मुनासिब मिकदार में दोनों को ऐसे मिलाया जाए जैसे आपसे अच्छे सम्पादक का सम्पादकीय हो या लेखक का रचा महत्त्वपूर्ण पाठ हो। इसके लिए चाहिए होती हैं–अन्तर्क्रियाएँ।

अन्तर्क्रियाएँ ही।

पहले सच को झूठ में, फिर झूठ को सच के घाल-मेल में डुबोकर नया कैमिकल प्रवाहित करने में आपका जवाब नहीं। जिस शास्त्रीय पद्धति के अनुरूप आपने स्थितियों और संज्ञाओं का मनमाना मिश्रण कर साहित्य बाजार के लिए नया प्रोडक्ट प्रस्तुत किया है, वह सिर्फ अनोखा ही नहीं अपारगम्य भी है।

जनाबे-आली, आप ऊँघ तो नहीं रहे न! अपना लिखा संस्मरण याद तो आ ही गया होगा। जरूर आँखों के सामने गुजरा होगा! सुनी-सुनाई में कपड़े-लत्ते चिन्दिया साबुन में धोए, निचोड़कर रस्सी पर डाले, फिर पहले हाथ का माल बनाकर उन्हें पाठ में ढाल लिया। कितना महान काम किया और एक जीते-जागते इंसान का श्राद्ध पढ़ दिया। आपका तो पुश्तैनी पेशा ठहरा, भला आप इसे अच्छे से क्यों न अंजाम देते!

आपका तो मंत्र ही ठहरा सत्यमेव जयते। क्या खाका खींचा है! एक सम्पन्न, संवेदनशील, जिद्दी, झगड़ालू, तुनकमिजाज, लड़ाका, आजादतबीयत और अभिजात।

वाह, साहिब वाह, एक मामूली से वजूद में आपने कितने विशेषण इकट्ठा किए और उन्हें उघाड़ने के लिए कितनी मेहनत की। ऐसा गम्भीर दस्तावेजीकरण किया है कि इतिहास और पुराण ऐसे घुल-मिल जाएँ कि मालूम ही न हो कि असलियत क्या है? मालूम होता है, आप तीन टाँगोंवाली मेज पर हाथ रखकर मृत आत्माओं को भी बुलाते हैं। तभी तो स्वर्गीय वाचस्पति पाठक जी की आत्मा ने हमारे पहले उपन्यास के बारे में आपको यह सूचना दी जो आपको चाहिए थी। वह नहीं जो असल में थी। लगता है पाठक जी को भी आपके रौब-रसूख का भान हो गया होगा। आप में बसती गैबी ताकतों का भी।

बकौल आपके भारती भंडार के कई रिम बेकार गए। हकीकत इससे ठीक उल्टी! उसे दोहराने से कोई फायदा नहीं, क्योंकि हुजूर भी उससे बेखबर नहीं। प्रूफरीडर लल्लू लालजी द्वारा हमारी भाषा का शुद्धीकरण किया गया था जो हमें मंजूर नहीं था। लगभग साढ़े तीन सौ पृष्ठ छप चुके थे सो हमने अपने पहले उपन्यास और लिखित के लिए प्रूफ रीडर साहिब को सजा देना ठीक नहीं समझा और अपने तईं कागज प्रिंटिंग के खर्चे का निपटारा कर दिया। ऐसा करने से ही वाचस्पति पाठकजी, लीडर प्रेम के बिन्दा प्रसाद ठाकुर और लल्लू लालजी को कोई

खरोंच नहीं आई। और न ही हम लोगों के बीच कोई मनमुटाव या गलतफहमी ही पैदा हुई।

बताइए हजूर, कागज के रिम में नुकसान किसका हुआ? हम जानते हैं कि आपने सब कुछ जानते-बूझते भी यह बयानबाजी क्यों की?

आपको चुपके से पूछना चाहते हैं—क्या आपको ऐसा करने का कोई फायदा मिला। अब जरा मिलाकर देखते हैं कि इस विषय पर आपने क्या लिखा?

"यह भी सुना गया कि देश की प्रख्यात प्रकाशन संस्था भारती भंडार ने उनके उपन्यास को प्रकाशित करने का जोखिम उठाया था, मगर पुस्तक के प्रस्तुतिकरण से हशमत इतने क्षुब्ध हुए कि उसका प्रकाशन रुक गया। कई रिम कागज बेकार हो गया!"

जय गंगा मैया! बात झूठी भी बना ली तो भी क्या! स्नान किया और पाप धुला।

इतना तो जरूर बताइए ही बताइए कि कौन-सी कचहरी को आपकी मदद की जरूरत पड़ गई। किस इजलास से आपको हाँक पड़ी कि नए सिरे से फलाँ मामले की जाँच करो और दूध का पानी और पानी का दूध करो। आन्छी। छींक आ गई। अब न किसी का नाम लेंगे।

कहना पड़ेगा कि एक आदत तो आप में काबिले-तारीफ है। आप अपने शहरवालों की इज्जत-आबरू का खूब ध्यान रखते हैं, चाहे अपना ईमान ही क्यों न बेचना पड़े। अगर ठंडे दिमाग से सोचें तो यह भी बुरा नहीं। आज की तारीख में ईमान को देर तक सँभाले रखेंगे तो कबाड़ी भी उठाने को तैयार न होगा। ईमान को ठीक वक्त पर ठीक कीमत पर बेचना ही अच्छा है ताकि वक्त रहते बंदा अपनी जरूरत का दूसरा ईमान खरीद सके।

अब चलें उस पवित्र स्थल की ओर जिसे इलाहाबाद का प्लेटफार्म कहते हैं और जहाँ हशमत ने आयोजकों के हाथ से लिफाफा खींचकर प्लेटफार्म पर दे पटका। यहाँ तक कि लिफाफे में पड़ी रेजगारी की छन्न आवाज से लोग भौंचक्के रह गए। दशहत खा गए।

दादा गुरु, हिन्दी साहित्य सम्मेलन का नाम न लेकर आपने उसे एक अखिल

भारतीय संस्थान की संज्ञा दी, उससे हशमत इतना तो आश्वस्त हुए कि हिन्दी साहित्य सम्मेलन की किसी फाइल में हमारा वह पत्र जरूर सुरक्षित है जो हमने दिल्ली पहुँच कर आयोजकों की सेवा में प्रेषित किया। आपको यह भी बता दें कि पोस्ट करने से पहले हशमत ने वह पत्र स्वर्गीय श्यामाचरण दुबे को भी दिखाया–जो संगोष्ठी की अध्यक्षता कर चुके थे और जिनके आग्रह पर ही हम सम्मेलन की गोष्ठी में भाग लेने गए थे। जाने आप किन बातों पर परदा डाल रहे थे! पत्र द्वारा सम्मेलन के आयोजकों का ध्यान इस ओर दिलाया गया था कि चौक में हफ्ता-भर रोशनी का जाल जगमगाने की जगह संगोष्ठी में भाग लेनेवालों के लिए यतीमी इन्तजाम हिन्दी और हिन्दीवालों की अवहेलना ही कही जाएगी। मालूम होता है, हमारी ओर से यह प्रतिक्रिया सम्मेलन को कुछ गलत लगी! ऐसा न होता तो आप हमारे बहाने इलाहाबाद प्लेटफार्म पर लिफाफा फेंकने की नौटंकी का परदा कैसे उठाते? हाँ, एक बात के लिए तो हमें आपकी दाद देनी होगी कि आपने भरसक उस मंडली की लाज रखनी चाही–उन्हें अखिल भारतीय संस्थान का नाम देकर। जहाँ तक लेखक का सवाल है, उसकी गरिमा के दाम तो इतने कम हैं कि झूठ का सहारा लेकर उसे कोई भी खंगाल दे। आपने उस काल्पनिक दृश्य को इस खूबी से अंकित किया कि मियाँ हशमत अपने को बहुत न समझो। आखिर हिन्दी लेखक से बढ़कर और हो क्या? यह रहा तुम्हारा अलंकरण–हमने धो दिया। अब इसे निचोड़ो और धूप में सुखा लो!

हमने पत्र द्वारा आयोजकों को इतना ही ध्यान दिलाया था कि लेखकों के जमावड़े को कुछ ढंग का खाना बसेरा दिया करें। ऐसे धर्मशाली होटलों में न ठहराएँ कि फोन करने के लिए पनवाड़ी की दुकान पर जाना पड़े। बाकी चीजों का खुलासा हम न ही करें तो अच्छा होगा। संस्थान और लेखक दोनों का अपमान होगा। वैसे वह सब उस पत्र में लिखा हुआ है जिसके कारण आपको छुट्टा फेंकनेवाला नया सीन तैयार करना पड़ा।

स्थानान्तर और प्रतिभा इन दोनों का वाजिब मिश्रण हो तो छोटे-बड़े और बड़े से बड़े खेल खेले जा सकते हैं। राष्ट्रीय नाट्य विद्यालय दिल्ली के सभागार में जो घटित हुआ उसे इलाहाबाद स्टेशन पर ले जाने के लिए साधुवाद! भारतीय भाषा परिषद् द्वारा आयोजित समारोह हमारे दो वरिष्ठ कविगण नेमिचन्द्र जी और

त्रिलोचन जी को सम्मानित करने को किया गया था।

आप वहाँ मौजूद नहीं थे और तब तक तो भारतीय भाषा परिषद के प्रवेश द्वार पर ही थे।

मंच ठसाठस भरा था। मंच-मर्यादा के हिसाब से दर्शकों और श्रोताओं के निकट वरिष्ठ कवियों की उपस्थिति गौण लग रही थी। मंच पर उस दिन कार्यक्रम परिचय-पत्र, उपहार चिह्न और शॉल बँटने लगे। और फिर आ गए नकदी के लिफाफे। सम्मानित होनेवाले कवियों की अवज्ञा सी लग रही थी। हमने लिफाफा (फेंका नहीं) मेज पर रख दिया और आयोजकों को सम्बोधित कर इस रीति-रस्म का विरोध किया जो लेखक-समाज के सांस्कृतिक शिष्टाचार को फीका करता दिखता था।

एडिटर साहिब, हशमत सही थे या गलत, इसे तो श्रोताओं से भरा सारा सभागार देख रहा था, मगर आपने जो दिल्ली से बदलकर इलाहाबाद का प्लेटफार्म चुना वह तो रणनीतियों में अपूर्व है। सिर्फ लिफाफे में रेजगारी डाल दी। प्रभावशाली।

'वागर्थ' में पहुँचते ही आपने हमारे मना करने पर भी जन नाट्य मंच से दिए गए हशमत के व्याख्यान को पत्रिका में प्रकाशित करने का निर्णय लिया। निर्णय क्यों लिया गया, यह न सिर्फ प्रत्यक्ष था, बल्कि पाठकों के पत्राचार से स्पष्ट हो गया। हमने छोटा-सा संक्षिप्त उत्तर 'शेष' के एडीटर साहिब के लिए लिखा और प्रकरण बन्द कर दिया। अपने अनुभव से इतना तो जाहिर ही था कि खूँटे पर बँधने और जमने की तैयारी है। हर किसी को करनी ही पड़ती है! इस पर भला हमें भी क्यों ऐतराज होता! आखिर तो आप हमारे एडीटर थे वर्तमान साहित्य में प्रकाशित 'ऐ लड़की' के।

आपसे गुजारिश इतनी ही कि कभी इस गलतफहमी में न रहिए कि आपके रचित पाठ के सभी नुक्ते चुस्त-दुरुस्त होते हैं! दीर्घसूत्री वैचारिक आकांक्षाएँ ख़ुद-ब-ख़ुद ऊपर आ जाती हैं।

हशमत उम्र में आपसे बड़े हैं और एडीटरी रुतबे से छोटे फिर भी आपको एक मशविरा तो दे सकते हैं।

कम जानने की कमी को इधर-उधर से खुदरा इकट्ठा करके तिजोरी तो नहीं

ही भरी जा सकती, न ही बौद्धिक सम्पदा बनाई जा सकती। उसके लिए पाठकों की विश्वसनीयता नहीं उगाही जा सकती। गौर करिए अपने तर्कों तीर तरकशों पर। हशमत को झगड़ालू, जिद्दी, उतावला और व्यवहार में फूहड़ करने के लिए आप पुराने पड़ चुके शिमला प्रसंग को फिर से नया करने बैठ गए।

बुरा मत मानिएगा उस्ताद। आपके आत्मन से उठती संवेदनात्मक ध्वनियाँ कुछ ज्यादा ही पिछड़ी हुई लगती हैं। आपको शायद मालूम नहीं कि आदरणीय पांडेजी हमें पत्र लिखकर कृपापूर्वक बता चुके हैं कि नजर कमजोर होने के कारण वह हमें पहचान नहीं पाए थे। इसीलिए उन्होंने हमें नाम बताने को कहा था।

अब मुलाहजा हो कि नाम पूछने पर हमने क्या कहा! हमने कहा श्रीमान हमारा नाम तो मामूली ही है मगर हस्ताक्षर मूल्यवान हैं।

एडीटर साहिब गौर करें इन शब्दों पर, क्या आपको ये घमंडी या गुस्ताख लगते हैं? आप क्या सोचते हैं, हमें किसी स्कूली बच्चे की तरह मुँह में अँगुली डालकर डरते-डरते अपना नाम, कुल, गोत्र बताना चाहिए था? फिर झूठी विनम्रता से सिर झुका लेना चाहिए था। उस्ताद सहज बुद्धि से इतना तो समझिए कि राजधानी में पला-बढ़ा नागरिक इतना गँवार और झेंपू नहीं होता कि अध्यक्ष पद के अनुरूप उन्हें सलीके से जवाब न दे सके। हाँ विवाद का विषय यह नहीं था। अध्यक्ष महोदय का यह कहना कि संस्थान रचनात्मक लेखकों के लिए नहीं है और रचनात्मक लेखक 'कोठरी' में भी बैठकर लिख सकते हैं। विवाद का बिन्दु यह था—राष्ट्रपति निवास शिमला के ऐतिहासिक संगोष्ठी कक्ष में यह शब्द हम लेखकों का उपहास करते सुन पड़े। समय और स्थान का भी। हमें लेखक होने के नाते ऐतराज क्यों न होता!

हम यहाँ किसी की दान-दक्षिणा पर मौजूद नहीं थे और जब दूसरे विश्व-भर के विश्वविद्यालय रचनात्मक लेखकों को विशेष रूप से आमंत्रित करते हैं तो हमें ही यहाँ से क्यों सरकाया जा रहा है? स्वाधीन राष्ट्र के लेखक नागरिक होने के नाते ही हम संस्थान में मौजूद थे। लेखक समूह को यहाँ रहकर काम करने की सुविधा से वंचित करने की कोई सांस्कृतिक रणनीति हो सकती है—यह हमारी समझ के बाहर था। बात इतनी ही थी। और बहुत बड़ी थी। हाँ आपकी कल्पनाशक्ति की तारीफ

करनी होगी। शिमला में न होते हुए भी आप कैसी भी टिप्पणी करने को तैयार हैं। मानो मौके पर चश्मदीद गवाह हों। हुजूर उस विवाद का मजमून वह नहीं था जो आपने पेश किया है। कोठरी की बात लेखक जाति पर वार था। वह कोई व्यक्तिगत झगड़ा-झमेला नहीं था, सामूहिक रूप से शब्द-संस्कृति को चुनौती थी। बकौल आपके इस बात का बतंगड़ बनाते हुए हमने कुछ पत्र अंग्रेजी अखबारों को भेजे थे। बिना सन्दर्भ जाने आप इसका उपहास उड़ाने को हैं। हजूर आप किसी दलदल में फँसे हैं। कहीं ऐसा भी तो नहीं कि यह सारा मामला आपसी कलह का बना कर पेश करने का बीड़ा आपने उठा लिया हो। सम्पादक होने के नाते हम आपसे इतने विवेक की अपेक्षा तो करते ही हैं कि आप द्वारा लिखे गए टुकड़ों में असलियत का पच्चीस प्रतिशत तो मौजूद हो। आपसे इतनी अर्ज है कि इतनी धाँधली मत मचाइए कि हकीकत सिरे से गैरहाजिर हो। हिन्दी अंग्रेजी प्रेस को जो पत्र भेजे गए थे उसके तथ्य इस प्रकार थे। अध्यक्ष महोदय ने जब मानव संसाधन मन्त्री को 'राधाकृष्ण व्याख्यान' के लिए आमन्त्रित किया तो बुद्धिजीवी समाज ने इसका विरोध किया और प्रेस को एक विरोध-पत्र जारी किया। ऐतराज का कारण इतना ही कि विद्वानों की जगह राजनीतिज्ञ को भाषणमाला के लिए बुलाने से एक अच्छी परम्परा का अतिक्रमण हो रहा था। इस दादागिरी के आगे हम कुछ भी न कहेंगे पर इतना सुझाव जरूर देंगे कि बिना इत्र खींचे दुर्गंध न फैलाइए। एक और बात की ओर ध्यान दें। अपनी शिराओं की फड़कती झनझनाहट को आप अपने पुराने जमाने के बाइस्कोपी डिब्बे में से लोगों को वह तस्वीरें मत दिखाइए जो पिछली शती की शुरुआत में दिखाई जाती थीं।

यह बंगाली बाबू का कलकत्ता है–

यह बम्बई है–यह बारह मन की धोबन देखिए–यह दिल्ली का कुतुबमीनार–यह हैदराबाद का चारमीनार–घंटियाँ टन-टनाटन घंटियाँ–लगता है इस ब्राह्मांड में व्याप्त अजर-अमर शोर को आप ही बुन रहे हैं। खलीफा उस्ताद, अपना मनोबल बनाए रखना अच्छा ही नहीं–बहुत-बहुत अच्छा है, पर दूसरों की कीमत पर अपनी गद्दी सजाए-बनाए रखना भी कम खतरनाक नहीं।

हमारे कहे का बुरा मत मानिएगा। अखाड़े की जरूरत बेशक दिन-ब-दिन बढ़ रही है मगर आपकी क्षमता दिन-ब-दिन घट रही है।

ऐसा ही होता है उस्ताद, ऐसा ही। जब जुगलबन्दी में सोच-समझकर, योजना बनाकर किसी के टखनों पर प्रहार, किसी के कन्धे पर, किसी की पीठ पर और चारों खाने चित्त कर मिलकर खुशी से अट्टाहास करें तो कुछ असर तो 'आत्मदान' की भूख पर होता ही है।

भूख और भूख और भूख जगे। भूल पर भूल एक बार नहीं सौ बार हो।

हाँ आपने तारीफ में यह भी लिखा है कि हशमत को अपनी बुरी तस्वीर का छपना बहुत बुरा लगता है। उस्ताद फोटो का क्या दर्शन बनाया है। शब्द-संस्कृति से जुड़ा हर प्रकाशक, विक्रेता इस तथ्य से वाकिफ है, मगर आप नया अध्याय लिख रहे हैं। वैसे बता दें, अच्छा फोटो किसी एक लेखक का आग्रह नहीं प्रकाशन इंडस्ट्री का, विज्ञापन की सफलता का निशान है।

मनोवैज्ञानिक बनने की चेष्टा में आप इसके सहारे हमारी वृत्तियों का अनुसन्धान करते चले! हमने अगर यूनेस्को की कार्यशाला में लेखन और पुस्तक प्रिंटिंग का प्रशिक्षण न भी लिया होता तो भी हमें मालूम जरूर होता कि एक अच्छा फोटोग्राफ व्यक्ति से अलग और आगे पत्र-पत्रिका या कृति के लिए गुणा है। उसकी सफलता की एक सीमित व्यावसायिक शर्त भी है।

जानते हैं आप क्या करते रहे हैं। न्यूज प्रिंट पर एक से एक भद्दा फोटो छापते रहे हैं। यहाँ तक कि आपकी लगाई गई फोटो प्रदर्शनी में भी दो-चार फोटो ही ढंग के रहे होंगे और आप फोटो प्रदर्शनी की तारीफ करने से अघाते नहीं रहे। दरअसल ऐसा करना शायद इसलिए भी जरूरी है कि हिन्दी लेखक-परिवार अपनी असलियत न भूले और यह न समझ बैठे कि वह प्रकाशन मुखड़े में अंग्रेजी का मुकाबला कर सकता है। उसे बेचारगी और मुफलिसी का प्रतीक बनाए रखना ही अच्छा है।

विस्मयकारी तो यह कि प्रिंट मीडिया से जुड़े होने पर भी इस तरह की टिप्पणी करते हुए कोई संकोच नहीं हुआ। अच्छे मित्र का आग्रह अभिजात से जुड़ा लगा। हम में आपको क्या सचमुच अनुशासन की कमी लगती है?

जरूर लगती होगी क्योंकि हमारे अनुशासन और आपकी व्यावहारिकता में बहुत बड़ा फर्क फैला हुआ है। आपकी बौद्धिक नैतिकता जिसे सफल और सुरुचिपूर्ण मानती है—वह हमारे यहाँ लगभग गैरहाजिर है। 'हशमत' आपके आतंकवादी

अलंकारिक पाठ में उस जिरहबख़्तरी टुकड़े को कैसे भूल सकते हैं जिसमें आपने इस नाचीज के साथ अपनी सुमधुर दोस्ती को प्रमाणित करने के लिए आधी रात के भ्रमण वाला विज्ञापन हमारे गरीबखाने पर चिपका दिया। आपके कहे मुताबिक आप जिस भी फाइवस्टार ढाबे या पहाड़गंजी होटल में ठहरे हों, वहाँ का 'तरल' खलास हो गया और आपने मजबूरी में हमारा फोन खटखटा दिया कि आप प्रबुद्ध मंडली के साथ 'हशमत' के यहाँ तशरीफ ला रहे हैं।

जेब की एमरजेंसी कि कोई और लफड़ा। कहीं यह सबूत तो न देना था कि आप मौका-ए-वारदात पर मौजूद नहीं थे। उस्ताद आप किसी यार-दोस्त की बरसाती में ठहरे हों तो भी उसकी मदद से कुछ रास्ता तो निकाला जा सकता था। तआज्जुब उसे इतना मालूम न था कि किसी पनवाड़ी के पिछवाड़े, झुग्गी-बस्ती या रिंगरोड़ी ठिकाने से आप चौबीस घंटों सन्तरा माल्टा या स्कॉच मुहैया कर सकते थे। सिर्फ परिचय मात्र से किसी की ड्रिंक कैबिनेट पर धावा बोलने का भी क्या मकसद हो सकता था। उस्ताद बुरा न मानिएगा। आपके साथ जो हुआ था आखिर हम उसका भी पता लगा सके! नहीं तो हम यह पंक्तियाँ न लिखते।

ब्रादर भक्तिगान की भेंटें सुन-सुनकर यार उचाट हो गए तो अजमेरी गेट पहुँचने की सोची।

बाएँ हो वहाँ पहुँच गए जहाँ तड़के की गन्ध आत्मन को सरसरा देती है। जनाब बाहुबलियों की शागिर्दी ईमानदारी तो सिखाती है मगर इतनी बेईमानी भी नहीं कि अपने ठहरने की जगह को छिपाने के लिए आप दिल्ली का जुगराफिया भूलकर किसी और ही तरफ चल पड़े कि लगे हाथ 'हशमत' से भी निपट लें जिसने आपके खयाल में आपको अनदेखा किया है। आपके खयाल में लेखक एडीटर के कसीदे न पढ़े तो अदबी रिश्ते क्या बने। उनकी कीमत क्या हुई? चलिए इस रंजिश को छोड़कर कुछ पूछताछ कर लें। शायद आपसी गलतफहमियाँ दूर हों।

साहिबे जायदाद, जब आप कहानी तैयार करने हमारे यहाँ पहुँचे तो फाटक पर चौकीदार ने कुछ आना-कानी की होगी। हमारे अब्बू ने दरवाजा खोला होगा। आपसे दुआ-सलाम हुई होगी।

हमारी अम्मी जो ड्राइंगरूम में रखे दीवान पर आराम करती थीं, उठ खड़ी हुई होंगी।

आप रात को उन बेचारे बूढ़ों को भी तंग क्यों न करते। आखिर जिसकी लिखी कहानी की आपने तारीफ की उसके माँ-बाप पर भी तो आपका हक बनता है। वह सीनियर सिटीजन हों तो भी क्या?

आपने फ्लैट के तापमान से अलग-थलग हो तड़कों का जिक्र किया है।

अफसोस अपने यहाँ लहसुन और प्याज के तड़कों की मनाही रही। जाने आपके नथुनों में वह तीखी गन्ध कहाँ से आती रही और इसी से लहराकर साहित्य चर्चा होती रही। बकौल आपके किचन से गर्म-गर्म खाने की तश्तरियाँ भी बनकर आती रहीं।

क्या समा बाँधा है उस्ताद। ऐसे घर का जहाँ मेहमान आमन्त्रित न हो तो उसे बातों से ही भुगता दिया जाए।

हजूर हमारी मानिए तो सुनी-सुनाई पर संस्मरण न लिखने बैठ जाइए। साहित्यिक संगोष्ठियों में किसी को भी देखने-सुनने से आप सब कुछ जानने का दावा नहीं कर सकते।

एडीटर साहिब गुस्ताखी माफ, कमतर जानकारी और तथ्यों को इधर-उधर से भरने से संस्मरण 'फिक्शन' बनकर रह जाते हैं। मिसाल के तौर पर अपने यहाँ चाय का इन्तजाम कुछ ठीक-ठाक रहता है मगर खाने को लेकर समय और सामग्री की काफी कंजूसी बरती जाती है। क्योंकि किसी के पास न गर्म चौके का वक्त है और न योग्यता। यह अभिजात का गुण नहीं—मध्यवर्ग का 'बचाव' है। घर पर पार्टी हो तो पकवान जामा मस्जिद से तैयार होकर आ जाते हैं। हाँ जिस कल्पना को सच बनाने के लिए आपने आधी रात की 'तड़का शृंखला' ईजाद की वह निरी हवाई तामीद है। हो सकता है आप हमें आजाद तबियत समझकर कुछ और ही अन्दाजे लगा रहे हों। हिन्दुस्तान है प्यारे सब लोग एक ही परम्परा के अनुयायी नहीं होते। हाँ कहीं पढ़ा था कि आप देवर-भाभी प्रतिष्ठान के शोधार्थी रहे हैं। उसी संस्था से अपने को जुड़ा रखिए। आत्मन् सन्तुष्ट रहेगा। उल्लसित रहेगा। इधर-उधर के काल्पनिक किस्से न गढ़ने पड़ेंगे।

'मित्रो मरजानी' का किस्सा भी आपको क्यों याद नहीं रहा! इलाहाबाद रहते हुए भी उसे भूलने में कुछ तो तुक होगी। तुक्का और तुक दोनों क्यों इकट्ठा हुए—

इसका अन्दाजा हम लगा सकते हैं। आपसे कोई शिकवा नहीं। आपके हक में यह भी कहना होगा कि आप जो चाहें लिखें या भूलें इस पर आपका पूरा अधिकार है। मुनासिब भी है—जो आपके रास्ते में अटकता हो, नाम लेते ही ट्रैक से बाहर पटकता हो उसे तो हवा में झिलमिलाना तक जरूरी नहीं। मगर उस्ताद हम उस दिलचस्प कहानी को जरूर दोहराएँगे। ताकि हमें कोई गलतफहमी न रहे और आपकी रणनीतियाँ भी धुल-पुँछकर साफ हो जाएँ।

इलाहाबाद के एक अखाड़े ने जब 'मित्रो मरजानी' के खिलाफ अश्लील होने का फतवा दिया तो 'सारिका' सम्पादक जनाब चन्द्रगुप्त विद्यालंकार ने हमें भैरोप्रसाद गुप्त को नोटिस भेजने के लिए दबाव डाला। उनका कहना था कि 'मित्रो मरजानी' की एक इंस्टॉलमेंट सारिका में छपी है पर इलाहाबाद से मिली सूचना के अनुसार गुप्त जी ने मित्रो मरजानी के कुछ पन्ने अपनी पत्रिका में टंकित किए हुए हैं जो किसी कारणवश प्रकाशित नहीं हो सकी।

गुप्त जी ने पत्र द्वारा सारिका सम्पादक और हशमत को जानकारी दी कि उनकी बीवी साहिबा टी.बी. से पीड़ित हैं और वह पत्रिका का प्रकाशन करने में असमर्थ हैं। जहाँ पत्रिका के एक दो फार्म प्रिंट हुए थे वहाँ ताले पड़ चुके हैं।

भैरो प्रसाद जी 'कहानी' के विशेषांक 1955 के सम्पादक थे और उसमें 'बादलों के घेरे' प्रकाशित हुई थी जिसका जिक्र जनाब ने किया है।

चन्द्रगुप्त जी और मन्मथनाथ जी, दोनों जब हमसे मिले, हमने उन तक पहुँचाया कि भैरोप्रसाद जी को नोटिस भेजने का कोई कारण मौजूद नहीं और हम ऐसा नहीं करेंगे! मित्रो को लेकर जो भी परेशानी हो उसे सुलझाने के लिए कहानी हमें लौटा दीजिए। हम पहले इंस्टॉलमेंट का चैक आपको लौटा देते हैं। आप कहानी का प्रकाशन स्थगित करें। हम यह बिलकुल नहीं चाहेंगे कि आपके सम्पादकत्व पर कोई आँच आए।

बम्बई से चन्द्रगुप्त जी का पत्र मिला कि 'मित्रो मरजानी' की बाकी किश्तें छपेंगी, आप इत्मीनान रखें और चैक लौटाने का कष्ट कतई न करें।

हमें चन्द्रगुप्त जी की ओर से कुछ भी आपत्तिजनक नहीं लगा। कहानी की दूसरी किश्त गालिबन प्रेस में थी—छपी और देख ली गई। अगले अंक में 'बॉक्स'

में एक विज्ञप्ति छपी कि लेखक ने कहानी कहीं और भी छपवाई है सो 'सारिका' इसका प्रकाशन स्थगित करती है!

इत्तेफाक से यह अंक हमें अपनी सालगिरह पर मिला! सभी कुछ जानते-बूझते 'सारिका' सम्पादक की यह सूचना दिलचस्प लगी। कुछ मनोरंजन हुआ और कुछ नाराजगी भी। हमने इन पंक्तियों को दो बार पढ़ा और शाम कनॉट प्लेस राजनारायण एंड कम्पनी में जा पहुँचे। ऐंडले साहिब को पूरी बात बताई और 'सारिका' से पत्र-व्यवहार सामने रख दिया।

नोटिस सारिका के नए सम्पादक चन्द्रगुप्त विद्यालंकार साहिब को भेज दिया गया। हमारी माँग इतनी ही थी कि पत्रिका गलतबयानी के लिए लेखक से माफी माँग ले।

अगले अंक में माफी माँग ली गई और किस्सा खत्म हो गया।

इसे क्या कहिएगा! बदबख़्ती कि बदगुमानी, इसका निर्णय तो आप लें। हाँ चन्दगुप्त जी और हमारे दरम्यिान कोई गिला-शिकवा न हुआ! न रहा। जो उन्हें करना था सो उन्होंने किया जो हमें करना था सो हमने किया।

'सारिका' सम्पादक की कुर्सी पर पहुँचते ही उन्हें इस झमेले को सुलझाना था और अपनी और पत्रिका की साख बचानी थी। इतना तो हम भी समझते थे। सो झगड़े की शुरुआत हमारी ओर से नहीं थी। यह दास्तान लूकरगंज के इलाके में ही बुनी गई थी। आपको तो भला पता ही क्या होगा, आप तो बहुत छोटे रहे होंगे।

नैतिकता का तकाजा था कि जो हमें करना चाहिए था सो हमने किया, जो सारिका एडीटर को करना दरकार था, सो उन्होंने किया।

कलेजे पर हाथ रखकर कहिए कि इसे आप हमारे झगड़ालूपन की संज्ञा देंगे। क्या ऐसा न करके हमें कुल्हड़ लेकर दर-दर खटखटाना चाहिए था कि हुजूर हमारे साथ हमदर्दी कीजिए, अपने साथ बेइंसाफी हुई है। पिछले बीस-बाईस बरस से शीर्षक अतिक्रमण का जो मुकद्दमा हाईकोर्ट में चलता रहा है–उस केस की भी आपको कोई खबर नहीं–किसी भी लेखक की जिन्दगी में उसकी अहमियत ही नहीं।

वाह एडीटर, हकीमों के हकीम कितनी नौकरियाँ बदलते रहोगे और कितनी बचाते रहोगे!

पुत्र पंजाबी

चढ़ शताबी

कहीं गाड़ी छूट न जाए। नहीं तो शताब्दी की जगह कुछ और ही पकड़ना पड़ेगा। आपकी काबिलियत, तजुरबे और सरगर्मियों के चलते वह भी बुरा न रहेगा।

जिन रूपहले कार्यक्रमों में आप मसरूफ हैं, हमारे यहाँ उनका परहेज ही समझिए! सम्पादकीय भाईबन्दी सलाहकार कमेटी के तहत किसी सुरुचिपूर्ण सादगी से आपने शीर्षक घोटाले को नया स्वरूप दिया और उस दृष्टव्य को अमर कर दिया। मान गए। फूँक-फूँककर कदम रखनेवाले आपके दोस्त एडीटर साहिब ने क्या छलाँग लगाई थी और आपसे शाबासी पाई थी।

हशमत आपकी आतंकवादी घुस्सा-घुस्सम, गुत्था-गुत्थम की सराहना करते हैं।

उस्ताद, बाजार संस्कृति की आतंकवादी हलचलों के चलते भी मानहानि सिर्फ सुविधासम्पन्न लोगों की ही नहीं होती। शब्द-संस्कृति अपने जनतन्त्र के लिए भी इस अधिकार को बनाए रखना चाहती है। गौरतलब यह भी कि कुछ अधिकार सम्पादक के पास हैं, कुछ लेखक की मदद को भी बने रहें तो बुरा नहीं, क्योंकि इसका सम्बन्ध लेखक के नागरिक अधिकारों से भी है।

खेमेबाजी के माहिर उस्ताद, अब जो तस्वीर आपने अश्कजी की खींची है–उस पर भी जरा नजर डालें क्योंकि यह घटना गंगा किनारे घटित हुई, जाहिर है गंगाजल की ही तरह साफ भी होगी।

दिन-वार तो याद नहीं, पचास-साठ का दशक होगा। उन दिनों इलाहाबाद साहित्य और साहित्यकारों का तीर्थस्थल माना जाता था। अपने पहले उपन्यास 'चन्ना' के प्रकाशन के सिलसिले में हशमत भी इलाहाबाद पहुँचे। भारती भंडार ने हमसे प्रेस कॉपी की माँग की थी। अश्क जी का सुझाव था कि यह काम कमलेश्वर ही कर पाएँगे। हमने उनसे अनुरोध किया और उन्होंने सहमति दे दी।

इस बीच हमें महादेवी जी के रसूलाबाद वाले लेखक-गृह को देखने की जिज्ञासा हुई। प्रोग्राम बना और हम लोग खुसरो बाग से तीन रिक्शा लेकर रसूलाबाद को चले। पिकनिक का सामान लेकर। लेखक आवास-गृह पहुँचकर

मालूम हुआ कि वहाँ के चौकीदार साहिब शहर तशरीफ ले गए हैं। हम लोग रेत में चलते हुए गंगा तट की ओर बढ़े।

अब आते हैं आपके अपूर्व, अनोखे पर दकियानूसी पाठ की ओर। आपने किसी दास्तानगो के खबीसी नुक्तों से कुछ ऐसा बयान दर्ज किया है जैसे थाने-कोतवाली में किसी गुनाह करनेवाले की एफ.आई.आर. हो।

वैसे हमें कोई हैरानी नहीं हुई। यह कहानी आपने जरूर 'वर्तमान साहित्य' के सम्पादन काल में ही गढ़ी होगी। स्वाभाविक ही था कि कहानी विशेषांक की कहानियाँ पढ़-पढ़कर आपके दिल-दिमाग का कचरा बाहर आने को कुलबुलाने लगा हो। उसी सड़ांध से गंगातट का यह अमर चित्र उभरा होगा।

उस्ताद क्या तो खाका खींचा है और क्या खुलासा किया है। हाथ में जूते लिये कोई मोहतरमा रेत में भाग रही थीं और बीमार अश्क भी कमजोर फेफड़ों का ध्यान किए बिना पीछे दौड़ रहे थे। और उनके पीछे रिक्शेवाला खाने का सामान लिये शायद धीरे-धीरे चल रहा होगा। और उस्ताद उसके भी पीछे एक युगल और भी धीमी गति से चल रहा था। उसे आप भूल गए। उनके पगचिन्ह हमेशा के लिए गायब हो जाने को थे। एक शरणार्थी लड़की देशी और दूसरे महान रचनाकार, लेखक, उपन्यासकार कमलेश्वर। अब सवाल यह उठता है कि मुँह से झाग निकलता किसने देखा। इसकी तफतीश करने के लिए जरूरत पड़ेगी साहित्यिक पुलिस की। पुलिस चौकी, पुलिस के अमले की।

'कांस्टेबल जाओ देखो, इन लोगों की टोली किधर बढ़ रही है। कौन हैं यह लोग!'

अदबी पुलिस की गारद पीछा करने लगी। गले में दूरबीन लटक रही थी। कुछ ऐसा दिखा जैसे मचान में शिकार की खोज की जा रही हो। यह क्या, एक मोहतरमा हाथ में जूते लिये रेत पर भागती हुई किनारे खड़ी नाव के पास पहुँच गई। कुछ बातचीत हो रही है। हजूर कुछ मामला गड़बड़ लगता है।

जाओ केवट से पूछकर आओ–मोहतरमा क्या मंसूबा पका रही हैं।

लौटकर–

– हजूर एफ.आई.आर. दर्ज करनी पड़ेगी। नाव वाले के मुताबिक सौदा पटाया जा रहा है कि इलाहाबाद से बनारस जाने का क्या लोगे!

– केवट ने कितना माँगा।

– सरकार उसने इनकार कर दिया। गंगा का पाट फटा है–उसमें भँवर पड़ती है। उसका कहना है कि कोई केवट जाने को तैयार न होगा।

– ठीक। काली अचकन वाले के सामान पर नजर रखो। अफीम की पोटली तो नहीं छिपा रखी। नहीं तो रेल से न जाकर पानी के रास्ते कौन जाना चाहेगा।

– साहिब दोनों काली ही अचकन पहने हैं। एक के सिर पर काबुली टोपी है, दूसरे का सिर नंगा है। एक के गले में सफेद मफलर है, दूसरे के गले के बटन खुले हैं।

– उनका नाम पूछकर आओ।

– हजूर उन्हें मैंने आपके घर पर देखा है। वह आपके सगे दोस्त हैं।

– एफ.आई.आर. लिखो मगर इस जोड़े को उससे बाहर रखो।

– हजूर आपके सगे वाले हैं।

– हैं भी और नहीं भी।

– हजूर यह क्या पहेली है?

– तुम यह बारीकियाँ नहीं समझोगे। ऐसे मसले अदबी पुलिस की सेंसरशिप की ही इजाजत से निपटाए जाते हैं। हाँ इसमें एक फिकरा आखिर में भी जोड़ दो कि सफेद मफलर वाले शख्स के मुँह से झाग निकल रहा था।

– सरकार इससे क्या फायदा होगा?

– जो भी हो, यह हम पर छोड़ दो। इस पहलू को तुम न समझोगे। अदबी पुलिस के कानून-कायदे दूसरी पुलिस से कुछ अलग हैं।

– जी साहिब बहादुर आपसे ज्यादा इस धन्धे को और कौन समझ सकता है। गम्भीरता, चौकन्नापन और कमीनगी का कितना सकारात्मक मिश्रण किया है। तसव्वुर से क्या कल्पना और क्या लेखकों के चले जाने के बाद की फैंटेसी।

काली अचकन–
सफेद मफलर
और

मुँह पर आती सफेद झाग!

फिक्शन और फैंटेसी दोनों आँखें मलती दिख रही हैं। इस साहित्यिक मुखामुखी और रोमांस का लुत्फ इलाहाबाद में ही उठाया जा सकता होगा। नहीं तो कौन सा अहमक मूर्ख स्कूटरी सवार है जो सत्तर साला औरत से यह कहलवाना चाहे कि उस्ताद आप हमें कहीं भगाकर तो नहीं ले जा रहे। वाह, क्या कल्पना! क्या उड़ान।

अजी ओ छोले भठूरी अधकचरों के मुरीद साहिब, कभी-कभी अपने को आईने में भी देखा करिए। लिखने से पहले कुछ सोचा भी करिए! हम जानते हैं कि आपने सोचना भी क्यों कम कर दिया है। उस्ताद रसूख वालों की सोहबत तो अच्छी है, मगर सिर्फ उन हालात में जब आप भी प्रशासनीय सेवाओं के भूगोल में से होकर निकले हों। जहाँ तक मौसमी दोस्तों का तआल्लुक है उनकी लंतरानियों से तो बचकर रहिए। ऐसी नौबत न आ जाए कि यार की गलबहियों से ही अपदस्थ होना पड़े। माफ कीजिएगा यह तो हम आपकी शान में यूँ कह रहे हैं कि आपकी शोहरत का एक टुकड़ा बचा रहे तो बुरा नहीं। आखिर आप हमारे एडीटर रहे। हमें इस बात का भी अहसास है कि जो गलती हमने 'ऐ लड़की' आपको सौंपने में की थी वही आपने भी की। अपने लिखे संस्मरण को उच्चस्तरीय साहित्यिक पत्रिका में प्रकाशित करने में, बेशक आप एक दूसरे के जिगरी हैं मुहब्बती हैं—यार दिलदार हैं, मगर दोनों मिलकर इतनी अदबी हेरा-फेरी भी न कीजिए कि लेखक और सम्पादक इतने चालू लगने लगें कि लेखक की जी हुई, अर्जित की गई अस्मिता को तीली लगाकर फूँकते दिखें। पंजाबी मूल के उत्तर प्रदेशी प्रयाग राज में रहकर भी लेखक की गहरी समझ आपके भेजे से बाहर ही रह गई। अपने भाषायी कौशल के बावजूद आपका कथ्य सस्ता और झूठे खिलन्दड़ें रंगों में लिपटा हुआ मगर अनुभव एक खरे रचनाकार की अन्तर्दृष्टियों से तलाकशुदा।

बहरहाल जीते जी लोगों का श्राद्ध पढ़ने वाले 'ऐ लड़की' के सम्पादक से अब हशमत इजाजत लेते हैं। खुदा करे आप जैसों के लिए यह हमारा आखिरी पैगाम और सलाम हो।

—हशमत

पुनश्चः

माफ कीजिएगा, एक जरूरी बात तो भूल ही गए। संस्मरण देवकीनन्दन खत्री का फिक्शन नहीं। न ही वह कविता है, न कहानी, न आख्यान श्रीमान्। संस्मरण है एक दूसरे समकालीन को समझने का प्रतिमान। पुण्य पवित्र सामग्री का बचा-खुचा अनुदान नहीं, कि ठंडे होते हवन कुंड में आहुति डाल दी जाए। ओम स्वाहा। और विधिवत् शान्ति पाठ कर दिया। ओम शान्ति शान्ति शान्ति ओम।

आलोक मेहता

'उज्जैन की माटी ने दिए कालिदास, आलोक मेहता जैसे रत्न
–निदा फाजली, सुविख्यात शायर'

बरसों पहले शानी के घर पर निदा फाजली के साथ बिताई शाम की याद में और कोलोन, जर्मनी में श्रीमती और श्री आलोक मेहता के सान्निध्य में गुजारी स्वदेशी व्यंजनों की गरमाहट और महक को मन ही मन लौटाते हुए हशमत टिप्पणी करने की हिमाकत कर रहे हैं। अनधिकार चेष्टा लगे तो दोनों दोस्तों से माफी।

उज्जैन में हिन्दी 'आउटलुक' पत्रिका के सम्पादक आलोक मेहता के सम्मान समारोह की रिपोर्ट 'कथादेश' के मार्च अंक के अन्तिम पृष्ठ पर प्रकाशित नई-नई नीम पत्रकारिता का नमूना है।

अपने पसन्दीदा शायर निदा फाजली द्वारा की गई सूक्ति-तुलना हैरतअंगेज है जो इस रिपोर्ट पर शीर्षक की तरह चस्पाँ की गई है। यकीन नहीं होता कि इस पाठ की प्रस्तुति का ताना-बाना हमारे प्रिय शायर निदा फाजली का ही बुना हुआ है। कालिदास और आलोक मेहता के दरमियान बिछी दूरियाँ गुजरे हुए दशकों की या दो-चार पीढ़ियों की नहीं, वह सदियों के आर-पार उस कालखंड में स्थित हैं जहाँ से आलोक मेहता के सम्मान के लिए महाकवि को निमन्त्रण देकर नहीं बुलाया जा सकता। प्रमाण के लिए दोनों की तस्वीर भी साथ नहीं खींची जा सकती।

यूँ तो आज की तारीख में किसी मुसाहिब को इसकी कसम नहीं। साहित्य

अकादमी के सम्पादक 'नेहरू से नारंग' तक का फिकरा सजा दें तो भला रवीन्द्र भवन की दीवारों से कौन सिर फोड़ेगा! प्रमुख कीमती दस्तार में सस्ती-सी कलगी चमक ही उठे तो बिचारे सम्पादक का भी क्या नुकसान! मामूली मगर रोबीली फिकरेबाजी से कुछ तो उसे भी मिलेगा। सम्पादक महोदय सम्पादकीय विवेक के अनुरूप कोई और वाजिब पत्ता निकालते—देसी आलोचक के साथ किसी विदेशी का नाम नत्थी करते तो 'आम आदमी' को कहाँ खबर होती कि 'नेहरू से नारंग' तक की जुगलबन्दी में क्या गड़बड़ है! वे तो समझेंगे दोनों एक पाये के खासुलखास हैं। ऐसी कथनी और मुहावरा तो खानदान में पीढ़ियों तक सजा रहेगा! सम्पादकीय प्रतिभा की दाद देनी पड़ेगी।

फिकरा फिट और हजूर खुश। कोई भी अतिशयोक्ति अपनी टोली के लिए आनन्ददायक होती है और उपयोगी उत्पाद की तरह ही इस्तेमाल भी की जाती है। फिर भी महाकाल की नगरी उज्जैन में सम्मान समारोह की रिपोर्ट शुरू हुई कालिदास के मुखड़े से और समाप्ति आलोक मेहता जैसे रत्न पर—इबारत कुछ बेतुकी और अटपटी ही रही। दैनिक अखबारों के इतवारी संस्करणों में डाल दिए गए दूकानदारी के पीले गुलाबी इश्तिहारों की ही तरह।

निज के मैत्री सम्बन्ध, सराहनी रिश्ते अगर इतने प्रदर्शनकारी हो जाएँ कि शब्द खोखले होकर बजने लगें तो मंच की पुख़्तगी पीले पिलपिलेपन में बदल जाती है।

वाचन शब्दाडम्बर नहीं–विचार और विश्वसनीय अनुभूति की सार्वजनिक पुष्टि है। सम्मानित व्यक्ति के लिए समयानुकूल सद्भाव व्यक्त करने की प्रामाणिकता। जो भी कथ्य है उसके द्वारा आप मतारोपण नहीं कर रहे–मंच की विचारवान नाटकीयता को यथासम्भव बरकरार रखने की कोशिश भी रही है। आलोक मेहता के सम्मान समारोह में इतना तो याद रखना जरूरी ही था कि सम्मान किसी चुनावी उम्मीदवार का नहीं–सुयोग्य सम्पादक का था।

राजनीति और पत्रकारिता, दोनों अलग-अलग अनुशासन हैं पर सम्पादक और नेता के बीच क्या सचमुच कोई दूरी नहीं व्यापती। बेशक अन्दर से दोनों हस्तियाँ एक-दूसरे का हाथ थामे रहती हैं फिर भी अपने कार्यक्षेत्र की स्वायत्तता कायम रखने का दावा करती ही रहती हैं। इन दोनों की भाषायी भंगिमा अलग-अलग होते हुए भी एक-दूसरे की विभिन्नता से ही पहचानी जाती है।

सम्पादक की राजनीति और सामाजिकता को लेकर तो बिचारी लेखक बिरादरी भला क्यों कटाक्ष करेगी। वह तो अपने लेखन के हित में सम्पादकों के आगे कर-बद्ध खड़ी रहती है। भाषायी शिष्टाचार और वाचन में अतिशयोक्ति की उछाल तो आयोजकों की पसन्द होगी मगर हमें तो इतना ही प्रत्यक्ष हुआ कि पवित्र तीर्थ उज्जैन में दलगत, जातिगत मर्दुमशुमारी की गई। नगर की संस्थाओं और संस्थानों से जुड़े समूहों का ऐलान करते हुए उन्हें कुछ यूँ दोहराया गया।

सम्मानित होनेवाले सम्पादकश्री इस पर विनम्रतापूर्वक एतराज कर सकते थे। यह देश के लोकतान्त्रिक शोर का अट्टहास था। मूल्यों की बात तो इस सूची में कहाँ ढूँढ़िएगा :

जैन समाज
मुस्लिम समाज
सिख समाज
बोहरा समाज
खत्री समाज

सिंधी समाज
रोटरी क्लब
चैम्बर ऑफ कॉमर्स
बार ऐसोसिएशन–

दिलचस्प होगा यह भी जानना कि जो जाति या प्रदेश समूह इस सूची के बाहर हैं वह किन कारणों से बाहर खड़े रह गए। रिपोर्ट के अनुसार सब उपस्थित संस्थाओं ने आलोक मेहता को अलग-अलग साफा बाँधकर स्मृति-चिह्न भेंट कर, शाल पहना तथा तलवार भेंट कर अपना प्यार और सम्मान अर्पित किया।

ऐसे उच्चवर्गीय सम्मान समारोह में तलवार कुछ पिछड़ेपन की ही प्रतीक लगती है। ऐसे मौकों को भव्य और राजसी बनाने के लिए शायद दोनाली हथियार की ही जरूर पड़ेगी।

हाँ प्रशस्ति में कहा गया कि आलोक ने आदमी से इंसान बनने का सफर तय किया है। आदमी बनने के लिए तो सिर्फ एक कोख से पैदा होना पड़ता है लेकिन इंसान बनने के लिए तो कई कोखों से पैदा होना पड़ता है। हमारे दार्शनिक और चिन्तन-निबन्धों की गम्भीर भाषायी मुद्रा निःसन्देह उल्लेखनीय है मगर वाचन जिस तरह जमुनाजी के कीचड़ की ओर फिसल रहा है वह सचमुच शोचनीय है। कोख शब्द तो समाजशास्त्रियों के आधुनिक मुहावरों में शुमार होता है मगर 'कई कोखों' से पैदा होना वितृष्णा जगाता है। खुदा न करे इंसान बनने के लिए एक आदमी को कई-कई बार कोखों से पैदा होना पड़े। एक ही जिन्दगी में तो बन्दे का कचूमर निकल जाएगा। बार-बार जन्म लेना होता है। कोख अन्तर्निहित है।

सुभानअल्लाह! ऐसे आधुनिक मगर गहरे दर्शन पर हम कहें भी तो क्या कहें। शायद कोई समाजशास्त्री इसकी व्याख्या कर सके। कार्यक्रम में आलोक मेहता के सम्मान पर प्रख्यात कवि एवं साहित्यकार पद्मश्री कन्हैयालाल नन्दन ने कहा कि श्री मेहता का यह सम्मान अपनी माटी का सम्मान है। दुनिया-भर के सम्मान भी इसकी तुलना नहीं कर सकते। श्री मेहता में दो खास गुण हैं–सांस्कृतिक और राजनीतिक। यही खूबी उन्हें आगे बढ़ा रही है।

हम हाशिए

'नवभारत टाइम्स' दिल्ली के सम्पादक मधुसूदन आनन्द ने बारीक मगर एक साथ काबिले-तारीफ और काबिले-एतराज चिकोटी काटी। आलोक मेहता की मुस्कान की तुलना जापानी गुड़िया से की जिसे कोई किसी भी एंगल से देखे वह हँसती हुई दिखाई देती है।

राजनीति की सटीक पहचान यही है, सम्पादक की भी हो गई। हम से कहीं ज्यादा अच्छी तरह आनन्द साहिब इस गहन विषय पर रोशनी डाल सकते हैं। हमें तो इतना ही मालूम है कि गुड़िया के प्रसंग में कुछ बौद्धिक गड़बड़ है। हम मनोवैज्ञानिक शब्द का प्रयोग नहीं करेंगे क्योंकि हम इतना तो जानते ही हैं कि ऐसा गड़बड़-झाला साहित्यकार ही चलाया करते हैं। एक सुझाव—राष्ट्रीय नाट्य विद्यालय द्वारा लेखक समाज को मंच के लिए प्रशिक्षित करने के लिए 'कार्यशाला' का प्रावधान किए जाने की माँग की जानी चाहिए। लेखकों को अकसर किसी न किसी साहित्यिक समारोह में बोलना ही पड़ता है। हम शिक्षकों की बात नहीं कर रहे, वह अपवाद हैं। वह अमूमन अच्छे वक्ता होते हैं मगर उबाऊ होते हैं।

सम्पादक सिर्फ सम्पादकीय लिखने वाले सम्पादक ही नहीं होते वह पहले तो साहित्यकार ही होते हैं। उनके मनसूबे लेखकों के हिज्जे और व्याकरण ठीक करते-करते ऐसी दिल्लगी पर भी पहुँच जाते हैं। मंच पर मौजूद हों तो उसकी संरचना पर भी आँख रखते हैं। हमारी अर्ज तो इतनी ही कि ऐसे शब्दों द्वारा नागरिक-धर्मिता का क्षरण व्यक्ति और मंच दोनों की गरिमा का हनन है। खासतौर पर जब होली का आयोजन न हो। जाने क्यों हम साहित्यकार, कविगण, सम्पादक राजनीति की व्यावहारिक पदावली अपनाने को उत्सुक हैं। साहित्य भले हाशिए पर हो पर साहित्यकार का एजेंडा हमेशा दलगत सहमति से ही नहीं, बौद्धिक विरोध-प्रतिरोध से चलता है। उभरता-निखरता है। लेखन के विकल्प अकसर अन्तर्विरोधों से उपजते हैं। अपनी बौद्धिक सम्पदा को राजनीति को सौंपकर हम पन्ने के हाशिए से भी पदच्युत हो जाएँगे। बुद्धिजीवी समाज को खबरदार होने की दरकार है। दूसरों पर आश्रित शास्त्रीय विवेक की धाराएँ नए पर्यावरण में गुम हो जाएँगी। कम से कम साहित्य की कार्यकारी शब्दावली, शिष्टाचार और हाशिए का सिकुड़ता आकार जब तक भी हम बचा सकें, बचाएँ। भूमंडलीय परिवर्तनों के आतंक में भी इसका वजूद बना रहे। हम रचनात्मक साहित्य की बात कर रहे हैं—पाठ्य-सामग्री की नहीं। वह नए उभरते

समाज को हजार स्वरूपों में घेरनेवाली है। हम भाषाओं की आपसी होड़ की भी बात नहीं कर रहे–विश्व-भर में उभरते विकासशील देशों के शिक्षित मध्यवर्ग के सन्दर्भ में प्रकाशित सामग्री की असंख्य श्रेणियों की ओर देख रहे हैं।

अंग्रेजी और हिन्दी की तुलना किए बिना हम अपनी भाषा के मौखिक और लिखित के प्रस्तुतिकरण में हिन्दी की अस्मिता को महसूस करना चाहते हैं। यह हिन्दीवालों की अंग्रेजी सांस्कृतिक होड़ नहीं–मीडिया पर आसीन हिन्दी के कार्य-कलापों के चलते हमें भी अपनी नई सम्भावनाओं का गम्भीरता से जायजा लेना होगा। जिसे अंग्रेजी के मुकाबले 'देशज' समझा और पुकारा जाता रहा है, उसे राजभाषा, सम्प्रेषण भाषा, राष्ट्रभाषा सभी की क्षमताओं और सामर्थ्य को भारत के सांस्कृतिक घनत्व से खींचना होगा। समेटना होगा। भाषायी चुनौतियों को ठेलती मीडिया की भाषा जनसाधारण की शक्ति और जनसंचार की ध्वन्यात्मक ऊर्जा का स्वरूप प्रस्तुत कर रही है। पुराने और नए शब्दों के अर्थ नए वातावरण से मुखरित हो रहे हैं। हमारे लिखित और वाचन के बीच की स्पेस कम हो रही है।

एक स्तर पर किसी भी भाषा और शैली को रचनाकार बदलते हैं–दूसरा बदलाव सम्पादकों द्वारा नियन्त्रित होता है। इसके आगे नागरिक समाज विविधता का भाषायी विस्तार करता है। अपने ढंग से नए-पुराने की हलचलों और उथल-पुथल में से कुछ पुराना छोड़ता है, कुछ नया जोड़ता है।

ऐसे में हिन्दीभाषी समाज साहित्यिक संस्थानों में अपने शिष्टाचारी, संस्कारी दबाव को पुराने मुहावरों से आधुनिक की ओर उन्मुख करे तो नागरी राष्ट्रीय रंग पकड़ेगी। राष्ट्र-भर के धड़कते भारतीय स्पन्दन को मीडिया-सम्प्रेषण से ऊर्जा देती भाषा का भाषायी शिष्टाचार अपनी प्रस्तुति में राष्ट्रीय मुद्राओं को प्रतिबिम्बित करता हुआ लगना चाहिए। हिन्दी-भाषी स्थानीयताओं से सरक कर राष्ट्रीय विस्तार की ओर बढ़ता हुआ। संयमित और संक्षिप्त–कथ्य को सुव्यवस्थित करने में विस्तारी ममतालूपन नहीं–मितव्ययिता ही मानदंड होना चाहिए।

जो कहा जा रहा है वह किसी विवाद का मुद्दा नहीं–इसका प्रसंग जरूरी तौर पर उज्जैन में आलोक मेहता सम्मान समारोह को लेकर ही। यह कड़ी किसी और प्रसंग से भी जुड़ी है–उसकी ओर ध्यान दिलाना जरूरी है। रिपोर्ट के अन्त में विज्ञापन का चिह्न है–(Advt)। मामला कुछ ऐसा बनता है कि न यह सिर्फ समारोह

की रिपोर्ट है और न ही सिर्फ विज्ञापन। धंधई की इस बारीकबाजी ने एक साथ निदा फाजली और आलोक मेहता की अर्जित की हुई आभा को फीका ही किया है। इस पर हमें गहरा एतराज है।

विज्ञापन महत्त्वपूर्ण विधा है। चुस्त-दुरुस्त। न एक शब्द ज्यादा, न कम। टैक्स्ट की निपुणता में एक लक्ष्य, एक संदेशा वह भी ऐसा जो पढ़नेवाले के दिल-दिमाग को बार-बार खटखटाता रहे। पाठकीय समझ के बाहर है कि इस थिगलिया विवरण में एड-एजेंसी करना क्या चाहती थी। आलोक मेहता अनुभवी सम्पादक हैं और अच्छे से राजधानी में जमे हैं। विभिन्न खेमों की खबर रखते हैं—एक अच्छे सम्पादक की तरह सबकी सुनते हैं और अपनी काबलियत का संकेत देते हैं और संकेत लेते हैं। सम्मान-समारोह का हस्तक्षेप उनकी प्रसिद्धि में कोई बढ़ोतरी नहीं करता। एड-एजेंसी पर उन्हें राज्यसभा पहुँचाने की भी जिम्मेवारी हो तो भी इस तरह की सस्ती नौसिखिया प्रस्तुति उनके सम्पादकीय रुतबे को कमतर ही करती है। क्या सचमुच यह टुकड़ा निदा फाजली के शीर्षक तले जाना चाहिए था? क्या उनसे इजाजत ली गई थी? क्या छपने से पहले इसे सम्पादक, आउटलुक हिन्दी को नहीं दिखाना चाहिए था? क्या ऐसी घाल-मेली घपलेवाली टिप्पणी उनकी इजाजत के बिना प्रकाशित की जानी चाहिए?

यह प्रतिक्रिया किसी पूर्वग्रह या वैर-विरोध से नहीं—समकालीन होने के सद्भाव से ही प्रेरित है ताकि काइयाँ चाटुकार झोली चुक्क और महान मीडियोक्रिटी के गुरु भाइयों की पवित्र पावस कतारें साहित्यिक स्तर को इससे नीचे न गिरने दें।

साहित्यकारों के अतिरिक्त कार्य-कलापों पर नजर रखनेवाले अदबी माफिया के छोटे-बड़े पट्ठे ही ऐसे समारोहों को लुंज-पुंज होने से बचा सकते हैं। साहित्यिक रोग निवारण हैल्थ क्लब उन्हीं के जिम्मे है।

हम हशमत

विष्णु खरे

छोटे उस्तादों के बड़े उस्ताद

छोटे उस्तादों में बड़े उस्ताद जनाब अविष्णु खरे-खोटे की खिदमत में हशमत का आदाब। 'जनसत्ता' में प्रकाशित अलोचकीय संवाद के लिए मुबारकबाद। तजुर्बेकार सम्पादकों की जुगलबंदी ने संवाद में जो प्रायोजित बंदिश पेश की है वह बेशक 'राग आलोचना' की अनूठी प्रस्तुति है। प्रश्न और उत्तर ऐसे तरतीब और तरकीब से सँजोए गए हैं कि किन्हीं साहित्यिक मर्मज्ञों का यह निजी निर्णायक मसला न हो और जिसे इसी कसौटी पर सार्वजनिक रूप से स्वीकार भी कर लिया गया हो। अदा और तेवर कुछ ऐसे कि साहित्य और साहित्यकारों की मानद कसौटी भी इसी संवाद में निहित है।

अविष्णु खरे, वह कौन-सा अहमक है जो यह न समझ रहा हो कि आपने उपन्यासकार जैनेन्द्र जैन से ही शुरुआती टीप क्यों की। आपसे पूछने की गुस्ताखी करने जा रहे हैं कि आपको यह मुगालता कैसे हुआ कि आपका यह ऐलान साहित्यिक हलकों में कुछ नई सनसनी पैदा करेगा। जैनेन्द्र जी के समकालीनों के महत्त्वपूर्ण नामों को भी फलाँगने की कंजूसी भी कम कमाल की नहीं। आपके पाठक और तथाकथित स्वयंभू आलोचक की संवेदनात्मक ग्रन्थियाँ और कुंठाएँ भी कम दिलचस्प नहीं। अज्ञेय और निर्मल वर्मा को जैनेन्द्र जी की साहित्यिक सन्तति बनाकर उन तीनों को ज्ञानपीठ वंशावली से जोड़ना भी पुरानी पड़ चुकी देसी निशानेबाजी का ही अन्दाज है।

कता कलाम मुआफ साहिब, आपके इस हाई-स्कूली संवाद-कॉलम पर आपकी

अपनी अन्दरूनी परछाइयाँ मँडरा रही हैं। तनिक अपने भाषायी मुहावरे पर तो गौर करें। आपके हास्यास्पद जुमले को क्या कहा जाए कि निर्मल वर्मा और अज्ञेय ज्ञानपीठ सम्मान ले उड़े। वाह साहिब वाह, जो भारत का उच्चतम साहित्यिक सम्मान होने का दर्जा अर्जित कर चुका है, उसे हमारे अज्ञेय और निर्मल जैसे दो विशिष्ट लुटेरे लेखक ले उड़े। शुक्र खुदा का हशमत जैसे किसी अदना लेखक ने ज्ञानपीठ, अज्ञेय और निर्मल वर्मा के लिए एक साथ ऐसा प्रयोग किया होता तो आप जैसी हस्ती उसके फूल चुनवा देती। हम बिचारे 'नकलमार' इतना तो जानते हैं कि हर शब्द की विरासत में–स्पन्दित है एक घराना, एक संज्ञा, एक रूह, भाषायी ऊर्जा और लगातार तरंगित होता तरंगों का ध्वनि संसार–ऐसे में छोटे उस्ताद, इस तरह की फनकारियाँ मार कर कभी आस्तीनें ढीली करना, कभी ऊपर चढ़ा कर खुजलाहट की झुँझलाहट में से खून बढ़ाने के इरादे करना सिर्फ टुच्चेपन का ही अहसास करवाते हैं। अपने को तीसमार खाँ समझने वाला आलोचक जब खुद ही अपनी काबलियत का परदाफाश करे तो अगला क्या करेगा। यही कहेगा कि जनाब विष्णु खरे तंग मोहरी की पतलून पहन कर ही आप आलोचक नहीं बन सकते। अपने को लेकर आपकी विलक्षण आत्मप्रशंसा, आत्म-विमुग्धता और साहित्यिक प्रतिष्ठा के सभी टोटके आपकी पंक्तियों में देखे जा सकते हैं। वरना सम्पादक के नाते आपको यह मामूली तथ्य क्यों गिनाने पड़े कि आपने किस लेखक के लिए सम्पादकीय लिखा, किसके लिए कॉलम और किस खुशकिस्मत की फोटो छापी।

हम तो इतना जानते हैं विष्णु खरे कि सम्पादकीय जैसी बौद्धिक जागरूक कृपाएँ सम्पादक के विजन और वजूद से बिना अपना विज्ञापन किए प्रसारित और प्रचारित होती रहती हैं, उसे किसी पटवारी या नायब तहसीलदार की तरह हर खेत का खसरा नम्बर दर्ज कर अपनी शख्सियत पर मढ़ना नहीं होता।

अफसोस कि हम 'नवभारत टाइम्स' के पाठक नहीं रहे। शायद इसीलिए हमारी और आपकी तालीम और रचनात्मक तौफीक के दरमियान खासी दूरी है। जिस हेकड़पट्टी से आप लेखकों को बौद्धिक बदतमीजियों और बदगुमानियों से धमकाते-धकियाते रहे हैं, खुदा जाने वह किस सामाजिक तल्ले की शिष्टाचारी भाषायी भंगिमाएँ रही होंगी। बहरहाल अब आते हैं उस मुद्दे पर जिसकी बेमुरव्वती की वजह से हशमत और आपके बीच इस डायलॉग की तामीद बाँधने के हालात पैदा हुए। पहले तो सदके उन गुटबाज गुरुघंटालों के जिन्होंने आपको इस्तेमाल किया, फिर उस कमीनगी के जो आपकी कलमतराशी से उतर कर खुद आपकी कुंठाओं का भभका और भड़ास बन गई।

लेखक, विद्वान, शिक्षक, रचनाकार, प्रबुद्धों के दरमियान आए दिन वाद-विवाद, लड़ाई-झगड़े, अनुशासनीय बहसें, तर्क-वितर्क होते रहते हैं पर इन सब बौद्धिक खलबलियों के बीच वह अदबी शऊर भी बरकरार रखा जाता है जो हर भाषा अपने संस्कार, संस्कृति में सँवारती है। मौखिक रूप से आप गाली-गलौज पर उतरें, भला इस पर किसे एतराज हो सकता है। लेकिन आप महामहोपाध्याय बन कर किसी पुरानी कलम पर तीन लफ्जों का बलगमी खँखार फेंक कर अपने को महाआलोचक सिद्ध करें, यह कबूल करना किसी भी लेखक के लिए मुश्किल होगा। क्या यह बौद्धिक जोम आपके तथाकथित अनुवादक, सम्पादक और प्रतिष्ठित कवि महाराज की सम्मिलित सृजनकारी प्रतिभा से उभरा है। आपकी इन्हीं क्लासिक कृतियों में से नकलखोरों ने नकल मारी होगी।

जर्मन कवि गेटे और ग़ालिब के मुकाबले हमारे साहित्य में खड़े विष्णु खरे साहिब, आपने 'नकली' के बाद इमारत को नेस्तानाबूद करने के लिए एक अधमरा नुक़्ता इस्तेमाल किया है– हिस्टीरियाई। अमां यार तुम्हारी भाषायी कमजोरी लाइलाज लगती है। अदबी बहस-मुबाहसे में पिछली सदी के गृहस्थ में फँसी बीमारी को उठा लाए। मामला खासा पेचीदा है। इसका तआल्लुक विद्वत्ता

से नहीं, मनोवैज्ञानिक और शारीरिक प्रक्रियाओं से है। हाँ, हमारे लेखन पर आपका तीसरा फतवा 'ओवरएस्टीमेटड' का है। जनाब, वह हमारे सुधी पाठकों और आलोचकों के अधिकार क्षेत्र का पक्ष है। हम उस पर कुछ नहीं कहेंगे। हम अपनी पहली प्रकाशित 'लिखित' से लेकर, अब तक अपने को साहित्यिक विमर्श से बाहर ही रखते रहे हैं।

हाँ संवाद के समापन पर उपन्यासकार के.बी. वैद पर आपकी फौलादी फब्ती भी कम दिलचस्प और कम जोरदार नहीं। क्यों न हो, आप तो आक्सफोर्ड के स्नातक ठहरे। माशाअल्लाह–अंग्रेजीदाँ होने का सुरूर तो वहीं से चला होगा। हाँ, इतना बता दें कि आपकी भाषा अगर अंग्रेजी है तो आपकी सोच जम कर देसी है। और हम जैसे बिचारे हिन्दी वालों को अपनी हिन्दी सोच खुली और विस्तृत मालूम दे रही है। हमें आपसे हमदर्दी है कि आपको बेमतलब बेफायदा इस पंगेबाजी के लिए किसी मंडली ने इस्तेमाल किया। यह सही है कि वहाँ से आपको जमाने की शोहरत और अदबी बरकतों के गफ्फे हासिल होंगे। अपने तईं अफसोस इतना ही कि आपकी कुछ कविताओं के अलावा हमने आपका लिखा कुछ पढ़ा नहीं। बरसों पहले एक लम्बी कविता 'संडास' जरूर जनाब के श्रीमुख से त्रिवेणी में सुनी थी। इतनी जोरदार और प्रभावशाली कि पूरा सभागार बदबू मारने लगा।

समझे साहिब–आप और आपका अखाड़ा बेमतलब खलीफा बनने के पेच और पैंतरे रचता रहा है ताकि पंगेबाजी में आपका नाम हमेशा अमर रहे। वैसे आज की तारीख में यह पेशा भी बुरा नहीं। दूसरों की रचनात्मक सम्पदा को तीन गालियों से उधेड़ना, खदेड़ना भी किसी बौद्धिक घोटाले से कम नहीं। इसे जरा इज्जतदार बनाने के लिए पेशे-खिदमत है आपके लिए एक अक्सीर नुस्खा जो दिल्ली के सयाने इस्तेमाल किया करते हैं। कुछ ऐसे कि लड़ाई और झगड़े और दादागीरी में दोनों ओर की इज्जत-आबरू बरकरार रहे। चलते-चलते खुलेआम अगले को लँगड़ी देनी हो तो इस रस्म अदायगी से पहले शिरकतबाजी,

फिर
शातिरबाजी
फिर
शोशाबाजी

और आखिर में

शीशाबाजी!

कि इस हरकत के बाद मुखालफीनों को आइना दिखा दें कि लीजिए साहिब अब अपना चेहरा देखिए। कोई खंरोच तो नहीं आई।

उस्ताद विष्णु खरे—ऊपर की इबारत याद रखनी बेहद जरूरी है।

हर किसी लेखक नागरिक को आए दिन अदबी 'टक्कर' लेने को चार 'श' वाली यह तालीम लेनी ही चाहिए। हम सभी धुले-पुँछे साहित्यकार अब दो धड़ों में बँट चुके हैं। एक आरामतलब शाहजादे और दूसरे बेआरामजादे। भाषायी आतंक से मौका लगते ही एक-दूसरे को कुचलने की तैयारी में रहते हैं। सो उस्ताद विष्णु खरे, आपके संवाद की-सी मुकम्मल परियोजना खुद ही अपना पर्दाफाश कर चुकी है। किसी अदबी पिछवाड़े की पेचीदगी का राज आपने उघाड़ कर रख दिया। उनके हक में तो बुरा ही किया। अब 'संवाद' को प्रेरित करती सभी सांस्कृतिक-साहित्यिक मित्रताओं से हम इजाजत लेते हैं।

गुस्ताख़ी माफ़, दो लेखकों के दरमियान ऐसी नौबत आनी कभी भी अच्छी नहीं, लेकिन उस्ताद पहल आपने की!

●●●